El Libro de Oraciones de las Cartas de Dios

por Sylvia Carlock

© Calli Casa Editorial, 2013
© Yhacar Trust 2025

Todos los derechos registrados. Prohibida la reproducción total o parcial de esta obra en todo su contenido: texto, dibujos, ideas e ilustración de portada y contraportada, sin autorización por escrito de: Calli Casa Editorial.
Diseño Portada e Interior: Bernabé Pérez

Dedicatoria

"A todos los lectores que, como yo, han sentido el susurro de Dios en su alma. Que encuentren en estas cartas la respuesta, el consuelo y la fuerza que necesitan."

Introducción

El primer formato que utilizamos en la columna Cartas De Dios, allá por finales de los años noventa, cuando comenzó a publicarse en varios periódicos en español de los Estados Unidos, no incluía una oración dirigida a Dios.

Unos diez años después, decidimos cambiar el formato para agregar una oración basada en el tema de cada carta. Este libro es una recopilación de aquellas primeras columnas que se publicaron ya con este nuevo formato.

Lo hemos titulado **El Libro de Oraciones de las Cartas De Dios** y esperamos, querido lector y querida lectora, que estas columnas y oraciones lleven luz, esperanza y mucho amor a tu vida.

Con agradecimiento y bendiciones,

Sylvia Carlock
Lake Elsinore, CA,
Marzo del 2025

Yo soy la Luz

Querido Hijo:

Hay días que dentro de ti hay una oscuridad profunda. Son esos días donde tus pensamientos están impregnados del temor de lo que podría ocurrir o atorados en el dolor o arrepentimiento con algo que pasó y que quisieras poder cambiar.

Cuando entras a esa zona donde una nube oscura te sigue por donde quiera que vas, no eres capaz de apreciar las bendiciones que tienes en tu vida. No miras que eso que tanto temes no ha llegado y que eso que quisieras cambiar, es parte de las lecciones de vida que te han hecho crecer como ser humano.

Cierto es que diariamente luchas con todo tu poder por echar fuera esos pensamientos, esa oscuridad. Yo lo sé porque eres mi hijo y siempre estoy al tanto de ti.

¿**C**ómo podría no hacerlo si te amo tanto?

Pero nunca me pides ayuda. Hasta ahora, luchas sólo contra esa nube de pesares que te persigue. En tu mente haces a un lado los pensamientos y logras triunfar por breves minutos, para verlos regresar con plena fuerza, más fuertes y más negros que antes.

A diario expresas con tu boca y tu actitud tu soledad y tu desesperación. En tus quejas y tu desempeño se ve donde está tu mente y dónde falla tu fortaleza.

Y yo me pregunto: ¿Qué hace este hijo mío luchando contra algo que es invencible para su condición humana? Escúchame bien ahora, porque aunque no me has pedido ayuda, te voy a decir cómo puedes vencer lo que hasta ahora siempre te ha derrotado.

Mira, Yo soy la Luz. Junto a mí no puede existir la oscuridad. En todo lugar donde yo entro, la Luz ilumina todo espacio y la oscuridad se va sola.

¿**T**e has fijado cómo ocurre cuando entras a un cuarto oscuro? ¿Acaso tienes que tomar la oscuridad en tus manos y echarla fuera a empujones? Claro que no. Lo único que tienes que hacer es encender la luz y cuando volteas la cara te das cuenta que la oscuridad ha desaparecido. Así es en el plano espiritual. Tú no estás solo. Tú no tienes que luchar por ti mismo. Lo único que tienes que hacer es encender mi Luz, invocándome. Para pedirme ayuda puedes decir una pequeña oración:

"Papá Dios. Yo ya no puedo con esto. Por favor, acude a mí y hazte cargo de mis asuntos y mi vida. Ayúdame. Lléname con tu Luz. Yo estoy dispuesto a dejar que tú actúes en tu tiempo perfecto. Yo me entrego a ti con el abandono de un bebé en brazos de la madre. Te prometo que no pensaré en nada que no seas tú y cada vez que mi corazón quiera dar un brinco, lo aquietaré recordando que tú estás a cargo y que tú siempre deseas lo mejor para mí y confiaré en ti y recuperaré la calma".

Por favor hijo, no lo olvides. Yo estoy aquí, esperando que me llames para poder entrar a tu vida. Cuando yo reciba tu invocación acudiré de inmediato al rescate. Y así, mi amado, dejaré que mi Luz se derrame en todos los rincones de tu vida.

Tu padre que te ama, Dios.

Notas:

Yo no tengo nietos

Querida Hija:

¡Cómo amas a tus hijos! El amor que sientes por ellos se manifiesta en todos los actos de tu vida. Mi corazón de padre se siente muy orgulloso al verte consagrada en alma y cuerpo a esas dos criaturas que diste a luz.

Desde que nacieron, yo recuerdo bien, que no has escatimado ni un solo esfuerzo a favor de ellos. Tus madrugadas, tus tardes, tus días y tus noches siempre estuvieron llenos de amoroso cuidado para ellos. Eso me consta claramente.

Sin embargo ahora que han crecido y han salido de tu nido, cuando deberías tomar un merecido descanso después de una labor bien hecha, veo que no sueltas las riendas de sus vidas.

Sigues queriendo manejar, a distancia, lo que pasa en cada momento de sus días. Por las noches, te quedas despierta por muchas horas pensando qué puedes hacer por facilitarles la vida. Y el temor por los peligros que, según tú, enfrentan, no te deja reposar.

Yo sé bien, cómo lo sabes tú, que tus hijos no escuchan tus consejos y que toman sus propias decisiones. Sé que están cometiendo errores y que tu corazón de madre se siente muy acongojado.

Pero querida hija, quiero decirte que esto que pasa ahora contigo y con tus hijos, pasó también contigo y con tu esposo. En aquel entonces, eran tu madre y la madre de tu esposo quienes no dormían pensando en que tú y él estaban manejando sus propios destinos.

Déjame que te explique, mi pequeña insensata, que tus hijos no son mis nietos. Tus hijos son hijos míos y están bajo mi amparo directo. Este amor inmenso que siento por ellos, no necesita de tu insomnio. Quiero que entiendas que con el mismo amor y dedicación con que te he cuidado a ti y he acudido en tu ayuda cada vez que me lo has pedido, así mismo estoy haciendo con ellos.

Tú ya hiciste tu labor. Ellos ya crecieron y son independientes. Déjalos en mis manos. Cuando sientas angustia por su destino, ora por ellos:

"Papá Dios: En tus manos entrego ahora a mis hijos. Camina con ellos, mi Dios. Vigila que sus pasos recorran veredas seguras e iluminadas con tu Luz. Que sus mentes alimenten pensamientos de fe, esperanza y prosperidad. Que sus palabras expresen bondad y respeto. Que sus manos trabajen para tu honra y gloria. Que su actitud esté llena de tu poder y que su mente siempre tome decisiones bendecidas por ti. Acerca a ellos personas de bien. Permite que cada noche vayan a dormir con la satisfacción de que su trabajo honesto les trae bendiciones y servicio a los que les rodean y dependen de ellos. Gracias mi Dios por escucharme. Sabiendo que tú estás a cargo, yo descanso confiada".

Y después que ores, mi pequeña hija, no te preocupes de nada, porque yo siempre me ocupo de todos mis hijos.

Tu padre que te ama, Dios.

Notas:

Pídeme que sane tu cuerpo

Querido Hijo:

¿Por qué no has venido a buscarme? ¿Por qué no te has acercado a mí, tu padre poderoso para pedirme que te ayude a ganar esta batalla que estás librando?

Cada día veo cómo la enfermedad que ataca tu cuerpo te va consumiendo. Y con tristeza me doy cuenta que tú has hecho de esa enfermedad un dios. Le has dado poder y presencia y fuerza. Tú crees que ella te va a vencer. Tú piensas, dices y actúas como si ella fuera más poderosa que yo.

Le has dado a esa enfermedad pleno dominio de tu cuerpo, tu mente y tu vida.

Esa enfermedad está presente en tu boca, tus pensamientos y tus conversaciones, las veinticuatro horas del día. Y con sorpresa veo que yo no lo estoy. De mí no hablas. A mí no te diriges. No me tomas en cuenta. No mencionas, ni piensas, ni invocas mi poder para sanar.

Yo soy un padre respetuoso. Por la misma razón que te di libre albedrío, te estoy dejando ahora que escojas enfermedad sobre salud; muerte sobre vida.

Pero quiero decirte que si deseas ser sanado, lo único que tienes es que llamarme. Si tú me pides que yo te sane, puedes tener por seguro que no hay enfermedad alguna, ni en lo espiritual, ni en lo mental, ni en lo físico que yo no pueda vencer.

Nadie ni nada, querido hijo, es más poderoso que yo. Yo puedo renovar tu cuerpo. Yo puedo abrir los canales de sanación que necesitas. Puedo usar las manos y los talentos de mis otros hijos para acercarte los cuidados sanadores que tu cuerpo requiere. Puedo obrar maravillas en tu vida, si tú dejas de servir a la enfermedad y empiezas a encomendarte a mí. Puedes empezar con esta sencilla oración:

"Papá Dios: Este día con mi mente y mis palabras, afirmo sanación. Hoy dejo que tu poder infinito ponga en mi camino los canales de salud que necesito. Hoy permito que tu poder sanador se manifieste en las manos y los recursos de aquellos

que cuidan de mi salud en esta tierra. Hoy cierro los ojos y veo como tu Luz sanadora invade, envuelve y protege mi cuerpo. Hoy siento cómo tu poder infinito renueva mis células y hace que mis órganos funcionen perfectamente bajo el influjo divino de tus bendiciones. Hoy dejo todo en tus manos y coopero con la vida. Hoy reconozco tu grandeza y te entrego mi vida para que tú la sanes. Hoy me siento renovado, restaurado y fortalecido por tu amoroso cuidado. Hoy soy sólo tuyo, Señor. Sáname por favor".

Cuando yo escuche tus plegarias, mi querido hijo, acudiré en tu auxilio, te protegeré y restauraré tu salud de manera perfecta.

Tu padre que te ama, Dios.

Notas:

Bástale a cada día su propio afán

Querida Hija:

Cuando olvidas que yo estoy a cargo de tu vida y dejas que la culpa o el miedo te invadan, entonces es cuando te alejas de mí y te pierdes en un mundo de soledad.

A la culpa le abres la puerta cuando empiezas a atormentarte por cosas del pasado. Asuntos que no puedes cambiar pero en los que sientes que si hubieras hecho tal o cual cosa, el resultado hubiera sido diferente.

Al miedo le dejas entrar cuando empiezas a atormentarte por asuntos del futuro. Hechos que no han ocurrido pero que ves como inminentes desastres que vendrán cual ladrones a robarte la felicidad.

Y cuando estos dos entran, y olvidas que yo existo, entonces tratas de arreglar las cosas por ti sola y encuentras que nada te sale bien.

Mi pequeña tontuela, te voy a explicar que nada puedes cambiar de lo que pasó ayer. No vale la pena que sigas atormentando tu mente con pensamientos de culpa o rencor.

En cuanto al futuro, no es necesario que te afanes. Ese no ha llegado y puedes dejarlo en mis manos.

A ti solamente te corresponde el día de hoy. Recuérdalo cuando ores:

"Papá Dios: sólo por este día, déjame ser feliz y contar mis bendiciones. Por las horas que siguen, te ruego que cuides mis pasos y me ayudes a fijar la mirada en lo que tengo enfrente. Quiero ver sólo lo bueno, lo bello, lo sano y lo noble. Déjame aquietar mi mente mientras realizo mi labor con eficiencia. Hazte cargo tú de mis finanzas, mi salud y mis seres amados. En tus manos dejo todo porque sé que tú puedes resolver, sanar y enmendar mi mundo. Por mi parte, Señor, yo pongo a tu servicio mi vida y todo cuanto soy y valgo. En mí y en mis asuntos solamente mandas tú, Papá Dios y este día te lo entrego a ti sin condición alguna. Gra-

*cias".*

Cuando termines de orar, mi querida Hija, suelta todo y deja que yo entre en acción, que los milagros son mi especialidad.

Tu padre que te ama, Dios.

Notas:

Hay un Dios y ese soy yo

Querido Hijo:

Te escribo esta carta para informarte que, en efecto, hay un Dios y ese no eres tú. El Dios, el único que existe, soy yo.

Te aclaro estoy porque siento que tengo que intervenir en tu vida. Tanto como me gusta respetar el libre albedrío de mis hijos, no me has dejado más remedio que hablar contigo.

Por muchos años te he visto tratar de cambiar a esa hija mía que te di por esposa. Ella tiene un problema con el alcohol, yo lo sé bien. Y tú, con tus mejores esfuerzos, quieres que ella deje de beber.

La chantajeas, le ruegas, le suplicas, la insultas, la tratas de motivar, la llevas con doctores y haces todo lo que está en tus manos para cambiarla pero hasta la fecha, no tienes ningún resultado positivo que mostrar a pesar de tus mejores esfuerzos.

Yo veo cómo ella sufre por no poderte dar lo que le pides y veo cómo sufres tú por no lograr que ella haga lo que tú quieres que haga. Yo he esperando pacientemente para ver si la falta de resultados te convencía que eso que estabas haciendo no sirve para nada. Como no es así, he decidido intervenir.

Mira Hijo: el único que tiene poder para cambiarlo a tu esposa o a cualquiera otro de mis hijos, soy yo. Tú no eres Dios para cambiar la vida de nadie. Por favor, deja de intentarlo. Lo único que tú puedes cambiar es tu propia persona. El rumbo de tu vida. La intención de tus oraciones. El destino de tus pasos. Las palabras que salen de tu boca. Los pensamientos que anidas en tu mente. Los sentimientos que salen de tu corazón. Todo eso está dentro de tu poder. Tú puedes luchar por ser una mejor persona.

Todo lo que pasa en la mente, corazón, pensamientos o vida de mis otros hijos, no te corresponde a ti. Me corresponde a mí. Yo puedo transformar la vida de tu esposa, pero necesito que ella me invite a hacerlo. Necesito que ella me pida que yo cambie su vida de miseria por una de gozo y felicidad. Ella me va a buscar y me va a encontrar cuando ella esté lista para hacerlo. No antes, no después. Eso es asunto entre ella y yo. Deja de intervenir. Entre más pronto nos

dejes a solas, más fácil será encontrarnos.

Tú no tienes ningún poder sobre la vida de ella. El único poder que tú tienes es el poder de la oración. Déjala a ella en mis manos y mientras ella me encuentra y yo la ayudo, concentra tus esfuerzos en cambiar tu propia persona por una paciente, respetuosa y que confíe a ciegas en mí. Déjame actuar a mí y sigue orando:

Papá Dios: Yo te entrego a ti la vida y la salud de mi esposa. Con toda humildad acepto que tú eres el único que puede cambiar nuestras vidas y por eso he venido hoy a ponerlas en tus manos. Sé que tu poder es infinito. Te ruego que toques los sentidos y el corazón de mi esposa para que ella te busque y acepte que seas tú quien sane su vida. Con toda mi fe, Papá Dios, descanso ahora y te dejo actuar. Aunque a veces no entienda lo que ocurre, sé que tu sabiduría es infinita y que tu amor por ella y por mí se manifestará de mil maneras positivas. Ayúdame Señor a tener paciencia, a ver los milagros que tú puedes operar aún cuando estos apenas estén en camino. Déjame contar las bendiciones diarias y concentrar mis pensamientos solamente en lo bueno que trae cada amanecer. Déjame ver tu Luz por encima de cualquier circunstancia o apariencia. Envuélvenos a mi esposa, a mí y a nuestra familia en tu manto protector y márcanos el camino a seguir. Estamos en tus manos, Señor. Gracias por sanarnos".

Tenlo por seguro, hijo, que yo acudiré en tu ayuda en cuanto me lo pidas.

Tu padre que te ama, Dios.

Tú y yo, en oración

Querido Hijo,

En estos días te he escuchado que lamentas no haber puesto atención a tus mayores cuando ellos trataban de enseñarte a orar durante tus años de infancia.

Ahora que me necesitas, quisieras haber aprendido esas oraciones que te hacían repetir los domingos, en la iglesia.

A ratos, cuando la ansiedad o la angustia te aprietan el corazón, empiezas a repetir en forma mecánica las primeras frases de alguna oración que escuchaste de niño. Cuando no recuerdas cómo continuar, te sientes frustrado. En esos momentos piensas que no puedes llegar a mí, porque no te aprendiste los rituales apropiadamente.

¿Sabes? En todas esas veces que crees no poder alcanzarme, yo siempre he estado junto a ti. Nunca me he ido. Nunca te he abandonado. Yo siempre estoy a tu lado porque te amo sin reservas, sin motivos y sin final.

Para comunicarte conmigo y descargar en mí tus pesares o para contarme tus anhelos; para pedirme protección o simplemente para darme las gracias por todas las bendiciones que tienes en tu vida, no necesitas ninguna secuencia específica de palabras recitadas en forma automática. Para comunicarte conmigo solamente necesitas tu voz, tu corazón abierto y tus ojos enfocados en mi Luz. La oración, querido Hijo, no es una repetición mecánica, sino un diálogo sincero entre tú y yo. La oración es transformación. Si después de orar tú sigues siendo el mismo ser angustiado, tu oración no ha servido de nada. Después de orar tú tienes que ser una persona diferente. Unos minutos en los que tú te encuentres conmigo en íntima oración, son suficientes para transformar la turbulencia en calma, el afán en propósito, la angustia en fe inquebrantable. Si no sabes cómo orar, pídeme ayuda:

"Papá Dios, con mis palabras sencillas quiero dirigirme a ti. ¡Son tantas cosas las que quiero decirte! Déjame empezar por darte las gracias por todas las bendiciones que hay en mi vida. Gracias por mis seres amados, por mi persona

 que te ama y por la tierra que firme me sostiene. Gracias porque cada mañana recibo una nueva oportunidad de ser mejor persona y porque sé que tú me sigues amando, aún cuando no lo logre. Gracias por estar presente en mi vida, Papá Dios, porque al saber que existes, que me amas y que siempre estás disponible para mí, me invade una gran paz. Este día, Señor, te ruego que guíes mis pasos por los mejores caminos. Que seas tú quien hable por mi boca, palabras de esperanza, compasión y buena voluntad. Y ya que estás aquí, te pido también que aumentes mi fe. Que me permitas ver las bendiciones que vienen en camino, por encima de las apariencias. Que mis ojos, mi mente y mi corazón estén enfocados solamente en tu poder infinito y que mis manos trabajen industriosamente a tu servicio. Gracias por escucharme. Te amo, Papá Dios".

Gracias a ti, querido Hijo por acercarte a mí. Siempre es lindo hablar contigo.

Tu padre que te ama, Dios.

Notas:

Acción y quietud

Querido Hijo:

Veo que tienes una cierta confusión respecto a la fe y cómo aplicarla en tus asuntos diarios. Cuando eras pequeño tus mayores te hablaron de la fe. Te dijeron que si tienes fe en mí puedes lograr milagros. También te dijeron que si tienes fe verdadera, entonces debes aquietarte y dejar que Dios actúe.

Todo eso es cierto. Sin embargo veo que tú no aplicas bien estos principios. Por ejemplo: ahora que tienes un problema con los dineros, te pones a orar con fe pidiéndome que yo intervenga y resuelva el problema.

Haces bien, hijo mío en fortalecer tu fe y en dirigirte a mí. Sin embargo, cuando llegamos a la parte de "Aquiétate y conoce que yo soy tu Dios", tú interpretas esta parte como "siéntate, mano sobre mano, a esperar a que ocurra un milagro". Al hacer esto y aplicarlo con tanta firmeza, dejas de luchar y peor aún: dejas pasar oportunidades que yo te mando porque estás convencido que debes mantenerte "absolutamente quieto".

Vamos a ver, mi querido hijo: ¿Qué es exactamente lo que quiero decir cuando digo "aquiétate"? Cuando yo te digo aquiétate quiero decir: deja de pensar en cómo voy yo a resolver el problema. Deja de preocuparte. Haz a un lado la angustia. Echa fuera el miedo y la duda de tu mente y deja que solamente la fe inquebrantable en mi poder sea la que prevalezca.

Pero eso no quiere decir que aquietes tus actividades. Eso quiere decir que con la mente libre de preocupación y llena de fe, pongas en acción tu cuerpo y sigas trabajando con fe, con alegría, con certeza y con gozo en tu corazón. Quiere decir que tengas los oídos, los ojos y el corazón bien abiertos para que sepas reconocer las soluciones que yo te envíe.

Para mí no hay imposibles. Yo tengo todos los recursos del universo a mi alcance. Los canales que tengo para enviarte prosperidad no se limitan a los dos o tres o cuatro que tú conoces y por los que siempre esperas recibir ingreso. Yo tengo un surtido ilimitado de recursos de los que puedo sacar milagros a granel para responder a tu fe y tus oraciones.

Así que con toda certeza te digo que mientras trabajas, mantengas tu mente en calma. Y cuando la duda quiera asaltarte, repite esta pequeña oración:

"Papá Dios: yo se que has escuchado mis oraciones y se bien que aunque no pueda todavía ver los resultados, tu poder está en acción y mi bien está en camino. Sé que tú conoces mi situación y que enviarás lo que te he pedido o algo mejor, en el tiempo que tú consideres perfecto. Mientras tanto, Papá Dios, ayúdame a ver, por encima de las apariencias, ese infinito horizonte de bien donde sólo tú existes. Déjame mantener mi cuerpo ocupado y mi mente quieta para que seas tú quien siempre reine en mi vida. Te quiero mucho, Papá Dios. Gracias por escucharme".

Gracias a ti querido hijo, por aquietarte y por seguir luchando con tu fe elevada hacia mí.

Tu padre que te ama, Dios.

Notas:

Si necesitas consuelo, aquí estoy Yo

Querida Hija:

Yo se que tu corazón está muy herido. Sufriste una gran traición y has derramado muchas lágrimas por eso. Cada mañana cuando abres los ojos, quisieras que todo fuera una pesadilla y que pudieras despertar. Pero luego te das cuenta que estás despierta y que tu realidad es muy dolorosa.

Sobre tus hombros llevas una carga muy pesada. Por tu mente danzan esos "¿por qué's?" que no tienen respuesta. "¿Por qué me engañó?"... "¿Por qué me hizo daño?"... "¿Por qué no se termina este dolor?".... Y conforme pasa el día te das cuenta que ninguna de tus preguntas tiene respuesta.

Con la carga de tu dolor a cuestas, ves cómo se arrastran las horas sin encontrar consuelo. Y yo quiero preguntarte ahora: ¿Por qué no has acudido a mí?

Tú no estás sola. Tú eres mi hija y yo te amo. Yo estoy aquí anhelando que vengas a mí para calmar tus penas. Yo soy ese oasis que estás buscando. Yo soy ese consuelo que tanto necesitas. Yo soy quien te va a envolver en un manto de protección y te va a decir que todo va a estar bien, que dejes de llorar.

Mí querida Hija: ven a mí. Búscame. Nadie como yo entiende tu dolor. A mí no necesitas contarme nada porque yo puedo ver en el fondo de tu corazón, tu mente y tu espíritu. Yo estoy conectado con tus sentimientos y he vivido cerca de ti, paso a paso, esta vivencia que te dejó tan herida. En estos momentos que sientes que nadie te ama, con mucha más razón tienes que buscarme a mí. Mi amor por ti no se acaba nunca. Si hoy necesitas amor, aquí tienes el mío que es el mejor que jamás pudieras encontrar. Mi amor por ti, querida hija, es eterno, fiel, fuerte e incondicional.

Si no sabes cómo llamarme, puedes decirme así:

"Papá Dios: Acudo hoy a ti porque necesito consuelo. Quiero acercarme a ti como mi padre que eres. Para que tu fuerza me sostenga en estos momentos de mi vida. Quiero saber que me amas

con ese amor incondicional que calma mi espíritu y sana mi vida. Hoy necesito saber que estás a mi lado a lo largo del día para sostenerme con tu misericordia infinita. Si yo se que estás conmigo, Papá Dios, me sentiré acompañada y segura. Me aferraré con fuerza a la fe que me une a ti para soportar mientras regresa la calma. Déjame por favor saber que todo va a estar bien. Acrecienta mi fe para que yo pueda ver el futuro con ojos de esperanza. Gracias Papá Dios por ser mi refugio".

Como te venía diciendo querida hija: tú no estás sola. Si necesitas consuelo, yo estoy aquí.

Tu padre que te ama, Dios.

Notas:

Tú, sólo tú

Querido Hijo:

Necesito interrumpir tus actividades por un momento. No te quitaré mucho tiempo. Sólo quiero decirte que la vida no es acerca de ti, lo que tú quieres o lo que tú necesitas.

Más allá de ti, existe todo un universo, tu pequeño universo, de personas que te rodean, dependen de ti y que necesitan que dejes de pensar sólo en ti.

Todo el día repites a todo aquél que cruza por tu camino: que si tú necesitas esto, que si esa persona no te da esto o aquello; que tú te mereces tal, que tú, que tú, que tú… tú, sólo tú. Tu mente que solamente está centrada en tu persona, no te permite ver nada aparte de ti mismo. Querido Hijo: las cosas no funcionan así. Tú no vas a satisfacer tus necesidades repartiendo reproches a los que te rodean. Tú vas a satisfacer tus necesidades cuando te preocupes primero de las necesidades de otros. Entre más sirvas a los que te rodean, más estarán ellos agradecidos y dispuestos a servirte a ti. Y entonces sí que de verdad te lo estarás mereciendo. Así como en el plano físico tú tienes que sembrar una semilla y meses después cosechar abundante fruto, en el plano espiritual es igual: primero tienes que sembrar servicio, buena voluntad y amor, para cosechar suficiente fruto para tus necesidades queden satisfechas. Y así como una semilla trae muchos frutos, así tus semillas de servicio, cosecharán más frutos de los que en realidad necesitas.

Anda, pruébalo. Te sorprenderás de los resultados. ¿Necesitas ayuda? Pídemela:

"Papá Dios: En este día dedico a ti mis manos. Las pongo al servicio tuyo y de tus otros hijos que has puesto en mi camino. Permite que mis manos trabajen para descansar a los que dependen de mí. Que mis pasos me encaminen a todas esas faenas que necesitan hacerse para servir a mis seres amados. Que mi boca hable sólo palabra de amor y entrega y que mi corazón esté tan lleno de tu amor que éste rebose y se extienda hasta abarcar también a

cualquier desconocido. Déjame pensar primero en otros y entender sus necesidades y luchar por satisfacerlas. Gracias Papá Dios por escucharme y por ayudarme a ser cada día mejor persona. Te amo, Papá Dios".

Con gusto te ayudaré hijo.

Tu padre que te ama, Dios.

Notas:

Responsabilidad, más nunca culpa

Querido Hijo:

Eres muy rápido para señalar con el dedo y generalmente apuntas a los que están enfrente o al lado de ti. Tienes una eficiente habilidad para dirigir la culpa a otros cuando encuentras que un error ha sido cometido.

En tu afán por demostrar que la "culpa" no es tuya, olvidas los sentimientos de los que te rodean y, al incriminar a los demás, enciendes los ánimos y de pronto de ves involucrado en muchas discusiones y gritos que te tienen desgastado.

Como esta tarde, en que te miras muy cansando. Acabas de terminar un duelo a gritos en el que nadie ganó, nadie aceptó la culpa y el problema creció. Dentro de tu corazón sabes bien que este camino no conduce a ningún lado. Lo has recorrido muchas veces y a pesar de eso, la culpa o, mejor dicho, las culpas, te siguen persiguiendo y los problemas se están multiplicando.

Voy a explicarte algo: tú eres un ser humano y estás rodeado de otros seres humanos. Todos ustedes están en diferentes etapas de desarrollo. Es natural que haya errores. Y lo importante no es quien cometió el error, sino cómo se va a resolver el problema. Hay una diferencia que quiero señalarte. La culpa paraliza, crea ira y destruye. La responsabilidad crea espíritu de equipo, unión y da pie a una resolución. La culpa es de un individuo. La responsabilidad es de un equipo.

Si cuando encuentras un error, te adjudicas la responsabilidad de resolverlo, lo primero que harás es buscar colaboradores. Entonces encontrarás respuesta y apoyo. Y lo lindo de esto es que el que causó el problema, al no sentirse señalado con el dedo, quedará libre para aprender una lección de esta situación. Ganas más cuando no tratas de ganar que cuando te empeñas en tener la última palabra.

Cuando sientas que la ira empieza a hacer temblar tu voz y tu cuerpo, resiste pidiéndome ayuda:

"Papá Dios: enséñame a ser tolerante, paciente y sabio. Deja que tu Luz bri-

lle en este momento a través de mi persona. Lava con tu infinita misericordia este espíritu mío para que solo quede tu amor y compasión. Permíteme entender a mis hermanos y comprender que todos somos humanos y que solamente tú eres perfecto. Hoy te pido que tu paz llene mi espíritu. Que por mi boca salgan solamente palabras de sabiduría y que mi mente encuentre soluciones pacíficas para que tus bendiciones nos alcancen y el gozo de tu presencia nos inunde. Gracias Papá Dios por estar conmigo y calmar mi corazón".

Yo siempre estoy al alcance de tu voz, hijo. Con gusto acudiré a ayudarte en cuanto escuche tu plegaria.

Tu padre que te ama, Dios.

Notas:

Yo puedo saciar tu sed

Querido Hijo:

Vives en un frenesí por calmar una sed que te atormenta. Cuando deseas beber tienes que hacerlo en ese mismo instante. Tu necesidad de recibir gratificación instantánea es insaciable. Cuando ese afán aparece, tienes que calmarlo ¡ya! Tienes que tener una bebida inmediatamente. Con avidez temblorosa empinas una botella que derrame unos tragos de ese líquido que jamás apaga tu sed.

Cuando sientes la ansiada bebida pasar por tu garganta, recibes unos breves instantes de calma. Lo triste es que cuando estás bebiendo sabes bien que esa calma es engañosa y que atrás de ella viene la tormenta y que al día siguiente estarás más vacío y más sediento que estabas cuando empezaste.

¿Sabes? Quiero explicarte algo. Ojalá tengas paciencia de escucharme y tratar de entender lo que te pasa. Quizá así puedas remediarlo de una vez por todas. Mira, escúchame bien porque estoy es muy importante. Esta sed que te acosa es desgastante y dolorosa porque nunca se sacia. Nunca termina. Este deseo por gratificación externa te asalta cuando te enfocas en lo que te hace falta. Y cuando bebes, estás tratando de llenar el vacío de lo que no tienes.

Que si has fracasado, que si no tienes estudios, que si tus hijos no te respetan, que si tu jefe no te aprecia, que si tu mujer ya no cree en ti, que si tu cuerpo está débil... Y entre más piensas en lo que no tienes, más anhelos tienes de beber porque sientes que ya no hay esperanza.

Pero si te enfocaras en lo que sí tienes, entonces sentirías calma y verías la Luz de la esperanza. Por ejemplo: Tú eres un talentoso trabajador. Tienes una gran experiencia de años de labor. Tus hijos te aman y con todo su corazón quisieran saber que estás bien. Tu jefe te necesita y todos los días me pide que te ayude porque cuando tú te presentas a trabajar, le resuelves muchos problemas. Tu esposa sigue a tu lado porque ella está enamorada de ese compañero de vida en el que realmente te puedes convertir, si te lo permites. Y tu cuerpo sanará en cuanto tú le des un descanso.

La lección que te quiero dar hoy es que dejes de atormentarte por lo que no eres o no tienes y empieces a dar gracias por lo que sí eres y sí tienes. Cuando cuentas tus bendiciones, te acercas a mí y permites que nuevas bendiciones se derramen en tu vida. Pero lo más importante es que abres la puerta de un futuro mejor.

Y si necesitas ayuda, sólo tienes que dejar todo en mis manos y entonces yo me haré cargo:

"Papá Dios: yo acepto en este día dejar mi vida en tus manos. Me entrego a ti, Señor, a ojos cerrados. Haz de mi lo que quieras. Te doy gracias por todas las bendiciones que tengo y te doy gracias también y de ante mano por todas las bendiciones que estoy seguro estás enviando en mi camino. Sé tú, Señor, quien gobierne mis días y mis noches. Yo hoy me acepto como soy, respeto mi cuerpo y amo mi vida, con ese mismo amor incondicional con el que tú me amas. Se que no soy perfecto, Papá Dios, pero si tú me ayudas, cada día trataré de ser una mejor persona. Fortaléceme, Papá Dios. Déjame ver más allá de lo inmediato. A lo largo del día, cuando tengo que elegir un camino, déjame siempre seguir el que me acerca a ti. Gracias por estar conmigo. Amén".

Cuando yo te escuche pidiendo ayuda, querido hijo, yo moveré los cielos y la tierra por ayudarte.

Tu padre que te ama, Dios.

Notas:

Si no encuentras la salida, pídeme ayuda

Querida Hija:

Si no encuentras la salida, pídeme que te ayude. Tienes ya mucho tiempo caminando en círculos tratando de resolver los problemas que te abruman. Tu mente sigue un curso de pensamiento que siempre empieza en el mismo punto de desesperación y tristemente, luego de dar muchas vueltas, siempre termina en el mismo punto de partida. Y, sin encontrar la salida, acabas sintiéndote atrapada. Que no sabes qué hacer, eso yo ya lo sé. Que necesitas ayuda urgente, también lo sé. Lo que no sé es porque no me buscas a mí, si yo aquí estoy, como siempre, listo para tenderte la mano. Si supieras cuánto te amo y qué tan poderoso soy, dejarías de tratar de resolver por ti misma los problemas. Déjame que te explique cómo te veo desde aquí, donde yo estoy. ¿Te acuerdas cuando trabajabas con tu tío en aquella bodega de techo alto? ¿Te acuerdas ese día que entró a la bodega un pajarito perdido? Ese pajarito voló por muchas horas en lo más alto de la bodega, sin encontrar la puerta de salida. Todos los que ahí trabajaban lo vieron estrellarse contra las vigas del techo y pararse en los rincones para recuperar aliento. Lo vieron volar desesperado tratando de salirse de la bodega. Y mientras el pajarito volaba y volaba en círculos en lo alto de la bodega, la puerta de la entrada, abajo, estaba abierta de par en par. Muchos de ustedes trataron de guiarlo hacia la puerta, pero el pajarito volaba, frenético y asustado, más y más cada vez. Si esta pobre criatura se hubiera detenido unos momentos para buscar la luz, y la hubiera seguido, entonces hubiera encontrado la puerta y con ella la salvación.

Así te veo yo ahora. Volando en círculos, desesperada.

Mi pequeña tontuela: para salir de donde estás atrapada, lo único que tienes que hacer es buscar la Luz. Es decir: buscarme a mí que soy la Luz y yo te guiaré hacia la salvación.

Búscame a mí. Pídeme que te ayude. Deja a un lado la angustia y ora cada día y a cada momento:

"*Papá Dios: Donde quiera que estés, voltea tu rostro a mí y presta tu oído que necesito hablarte. Yo ya he hecho todo lo que humanamente me es posible por superar estos asuntos. Ahora vengo a ponerlos en tus manos y te pido con todo mi corazón que me muestres la salida. Sé que tú puedes convertir en una oportunidad de crecimiento esta situación en la que me encuentro. Sé que con tu intervención llegará un momento en que yo vuelva el rostro atrás y me de cuenta cuán fácil fue resolverlo todo. Habla conmigo, Papá Dios. Dime qué debo hacer. Envía en mi camino las personas que puedan ayudarme. Abre las puertas donde están las respuestas. Ilumina mi mente con pensamientos creativos que me ayuden a ver solamente las soluciones. Déjame que me aquiete para ver tu Luz y que ésta me guíe hacia un puerto seguro. Y mientras encuentro la salida, por favor, Papá Dios, consérvame en la palma de tu mano. Amén*".

Por supuesto que te ayudo, mi querida Hija. Si lo único que estoy esperando es que me invites a entrar en tu vida. De lo demás, me encargo yo.

Tu padre que te ama, Dios.

Notas:

Amor de días soleados

Querida Hija:

Yo estoy absolutamente seguro que tú amas a tu hija. Lo que no estoy seguro es que la ames siempre. A mi me parece que tu amor es solamente de días soleados. Cuando hay nubes en el horizonte, tu amor por ella desaparece.

Antes que empieces a protestar para defenderte, déjame que te explique lo que yo veo desde acá.

Cuando esa niña nació, tú volcaste todo tu amor y empeño por sacarla adelante. Su papá, ese hijo mío inmaduro que no supo apreciarte a ti y a tu hija, desapareció tan pronto como supo que la diversión había terminado para dar paso a la responsabilidad.

Pero a ti no te importó. Con gran dedicación has cuidado todo detalle en la vida de tu hija para que ella tuviera todas las oportunidades posibles. Eso yo te lo admiro y quiero decirte que me siento muy orgulloso de ti en ese renglón.

Y todo hubiera salido perfecto en vuestras vidas si tu hija fuera como tu mascota, ese perrito que tienes que mandas al patio y se sale. Que llamas por la noche y regresa. Que ordenas sentado y se sienta.

Pero tu hija no es así. Ella tiene su propia opinión y la expresa. Ella tiene derecho de cometer sus propios errores y los comete. Ella se rebela ante tu constante control y eso te enoja tanto que le retiras tu amor. "Quítate de aquí" le dices airada... "Ya no te quiero. Eres una tonta".

¿Cómo es eso? ¿Cómo puedes amarla cuando ella hace lo que tú quieres y maltratarla cuando ella hace algo que no te parece bien? El verdadero amor, querida hija, no tiene condiciones. Es un amor como el que yo te tengo a ti. Yo a ti te amo estés donde estés, hagas lo que hagas y pase lo que pase. Yo no te amo a ti porque serás perfecta, porque no lo eres, o porque me obedezcas, porque nunca lo has hecho, sino porque eres mi hija, mi amada hija. El verdadero amor de un padre o madre hacia su hijo o hija tiene que transmitir el mismo mensaje que yo te estoy dando: que no hay nada que puedas hacer para que yo te ame más, ni nada que puedas hacer para que yo deje de amarte. Es un amor totalmente entregado y fiel. No lo olvides.

Yo quiero que tú le hagas sentir ese mismo amor incondicional al tu hija. Si no sabes cómo, pídeme que te ayude:

"*Papá Dios: Gracias por haberme concedido a mi hija. Ella es la mayor bendición que tú me has dado. Yo se que tú la amas tanto o mucho más que yo, por eso Señor, hoy te la entrego a ti. Te pido que tú la toques con tu Luz Protectora para que guíes sus pasos y con tu Luz de Sabiduría para que ella tome buenas decisiones. En cuanto a mí, Señor, te pido me ayudes a amarla siempre, sin importar si yo estoy de acuerdo con ella o no. Ayúdame a entender que ella está creciendo y es su propia persona y tiene su propio destino y misión que cumplir. Y por favor, déjame amarla tanto como tú a mí, para que si algún día ella necesita regresar a mí, mis brazos estén abiertos para ella, así como los tuyos siempre lo han estado para mí. Amén".*

Cuenta conmigo, querida hija, que yo con gusto te responderé.

Tu padre que te ama, Dios.

Notas:

Todo obra para bien

Querido Hijo:

Últimamente has estado muy enojado conmigo. Te sientes traicionado por ciertos hechos que han ocurrido de repente en tu vida. Tu piensas que yo te he abandonado y que me he olvidado de ti.

Jamás pienses eso, querido hijo. Yo te amo con un amor infinito, profundo y eterno. No me ido a ningún lado y siempre he estado contigo, aún en los momentos en que más solo te has sentido.

Quiero explicarte lo que está pasando. Hace varios meses que empezaste a pedirme ayuda para resolver unos problemas difíciles en tu vida. "Ayúdame, Papá Dios, por favor, porque yo ya no puedo con esto", me decías en tus oraciones. Yo, como tu padre que soy, no resisto una petición así. Al recibir ese telegrama urgente de tu parte, de inmediato me puse a estudiar la situación.

Lo primero que hice fue estructurar la base de los cambios que pienso traer a tu vida. Para tal objeto, es necesario que tú te deshagas de cosas que no necesitas. Es por eso que has visto personas y cosas desaparecer de tu vida. Es que estoy limpiando el terreno para sembrar nuevos horizontes. ¿Te has fijado cómo se prepara el terreno antes de la siembra? Es necesario arrancar la hierba. Después hay que remover la tierra y por último poner semilla buena y esperar el tiempo necesario para la cosecha.

Así es en el mundo espiritual. Yo estoy respondiendo a tus oraciones. Ya que me pediste que yo interviniera, por favor, confía en mí. Entiende que todo lo que pasa en tu vida, siempre obra para bien. Aún cuando de momento no puedas ver el alcance de cada situación, mantén tu fe elevada en mí. Confía en que sé lo que estoy haciendo. Deja de cuestionar mis acciones y sobre todo, sigue orando y sigue trabajando con determinación y fe.

Cuando pase el tiempo, voltearás el rostro hacia el pasado y entonces encontrarás por qué era necesario que pasara lo que pasó. Esto puede tardar unos días o muchos años, pero al final siempre sabrás que para tener las bendiciones actuales, era necesario que pasara todo lo que ahora está pasando.

Cuando sientas que flaqueas, háblame:

"*Papá Dios: por favor fortalece mi fe. Déjame ver más allá de las apariencias actuales. Déjame confiar en tu infinita sabiduría y esperar sereno a que pase la tormenta. Yo se, Señor, que tú me amas mucho más de lo que yo soy capaz de comprender y sé que tú solamente deseas lo mejor para mí. Aunque a veces yo no pueda entender qué es lo que más me conviene, tú siempre lo sabes y yo quiero aquietar mi corazón y entregarme a tu infinita sabiduría. Gracias que estás conmigo y siempre me escuchas. Te quiero mucho, Papá Dios".*

Gracias, hijo, por confiar en mí.

Tu padre que te ama, Dios.

Notas:

Perdonar

Querido Hijo:

El rencor te está ahogando. A todas horas del día, tu mente repasa una y otra vez las ofensas recibidas.

Planeas ataques y venganzas y te ahogas en la ira que te invade al pensar en injusticias del pasado. Nada más al despertar, en lugar de comunicarte conmigo para que guíe tus pasos y proteja a tu familia, empiezas a hacer una lista de ofensas. Te ves a tí mismo como una víctima y navegas del mar de la ira al lago de la depresión. Te estancas en el dolor o te aceleras en la rabia y después vuelves a empezar. Tu mente se acelera y tu cuerpo reacciona a tal grado que a veces sientes que no puedes respirar. Es triste mirarte así.

Ese dolor que vas cargando no es tuyo solamente porque lo notan quienes se acercan a ti. Tu esposa y tus hijos resienten tu rencor. Se asustan frente a tu ceño fruncido. Se esconden de ti porque ese peso que llevas te hace pesado y difícil de sobrellevar.

Lo que no te das cuenta es que una persona herida, hiere a los demás y es así como el rencor se va pasando de generación en generación.

Tú aprendiste a sentir rencor de tu padre y tu padre de su padre. Y si sigues alimentando el rencor, vas a enseñar a tu hijo a ser rencoroso y a vivir prisionero del dolor.

Este día, querido hijo, te invito a que perdones a todos aquellos que te han ofendido. Perdona, no porque los que te han ofendido se lo merezcan, sino porque tú te mereces ser libre de esta carga que te está hundiendo.

Libera el pasado. Suelta toda carga. Y aprende a sonreír. Deja que sea el amor y no el rencor los que dominen tu vida. Cuando necesites ayuda, pídemela:

"Papá Dios: Hoy te invoco para que me ayudes a dejar ir las cosas que no puedo arreglar. Te invoco para que ayudes a sanar este corazón que te pertenece. Enséñame, Señor, a perdonar y a aprender a aceptar la paz que trae consigo un presente de libertad y liberación. En tu

presencia amorosa me envuelvo. Sé que estoy a salvo y que tú me enseñarás el camino de la alegría. Quiero cantar y ser feliz para hacer felices a mis seres amados. Quiero aprender de tu amor para enseñarles a mis hijos a amar y a confiar en ti. Hoy soy libre y estoy listo para vivir en el ahora y a aceptar tu paz. Amén".

Con gusto te ayudaré, querido hijo.

Tu padre que te ama, Dios.

Notas:

Deja de huir

Querido Hijo:

Entre más huyes de tus responsabilidades, más te ves perseguido por ellas. Tú te crees que eres muy listo cuando inventas historias para justificar tu posición, pero en realidad no te das cuenta que al huir solamente empeoras las cosas.

En tus pensamientos, lo que más importa es proteger tu libertad. Quieres ser libre de responsabilidades familiares y de responsabilidades de trabajo.

Cuando tu mamá o tu esposa te piden que las apoyes, siempre encuentras razones para perderte con los amigos. Cuando se trata de cumplir cabalmente con tu empleo, también haces trampa. Ya sea que llegues tarde o que hagas de mala gana lo que te toca hacer. Tú crees que nadie se da cuenta y que puedes fácilmente salirte con la tuya.

Esa libertad por la que tanto peleas, no la disfrutas con tranquilidad. Porque cuando estás lejos, cuando te escapaste de lo que tenías que hacer, hay algo dentro de tu corazón y allá, muy en el fondo de tus pensamientos, que te dice que estás haciendo mal. Esa molestia que te está recordando que entre más huyas, más esclavo serás.

¿De verdad quieres ser libre? Entonces aprende a servir. Primero que nada a mí y después a los que yo te he encomendado a tu cuidado.

Cumple tus responsabilidades. Como todo un hombre, toma de frente lo que te corresponde hacer. No escatimes esfuerzos. Si tienes que sudar, suda. Si tienes que cargar, carga. Si tienes que aportar, aporta. Al final del día, cuando hayas hecho todo lo que tenías que hacer y un poquito más, tu cuerpo estará cansado pero tu alma estará serena.

Y tú sabrás lo que es la verdadera libertad de sentarse a reposar el cansancio del trabajo digno. Entonces, cuando desees tomar un tiempo para ti, ese tiempo estará libre de reproches, --los externos de tu mamá, esposa y jefe y todos aquellos con quienes quedas mal, --y los internos, los de tu conciencia que no te deja estar en paz.

Si necesitas ayuda, puedes orar así:

"Papá Dios: Con tu ayuda, a partir de hoy, caminaré hacia mis responsabilidades. Las abrazaré con amor y aceptaré que mi esfuerzo ayuda a los demás. Con tu iluminación, aprenderé que la verdadera libertad viene del servicio. Cuando esté en mi trabajo, recordaré que eres tú a quien yo sirvo y me esforzaré por hacerlo mejor. Cuando esté en mi hogar, recordaré que eres tú a quien yo sirvo a través de los seres amados que has enviado en mi camino. Por favor, Papá Dios, déjame entender que soy parte de un universo perfecto. Que lo que yo siembro, da frutos. Déjame sembrar siempre frutos de amor, servicio y entrega. Porque yo soy tuyo, Señor y hoy quiero servirte a ti. Bendice me esfuerzo y gracias por estar siempre conmigo".

Yo te bendigo, hijo.

Tu padre que te ama, Dios.

Notas:

Dile a tus problemas que no estás solo

Querido Hijo:

¿Por qué te preocupas tanto? El amanecer te encontró despierto y asustado. El día te saludó sin que tú le respondieras. En tu corazón ya no queda valor para enfrentar los retos. Te has dado por vencido. Te has resignado a perder y le has dado a tus problemas el poder de dominar tu vida. El miedo que abrigas en tu corazón es una prueba palpable que tú crees que tus problemas son invencibles.

¿Cómo así? ¿Y yo dónde me quedo? ¿O sea que tú piensas que esos retos que enfrentas tienen más poder que yo? ¿De manera que tú has puesto todo en una balanza y has decidido que esos problemas son tan grandes que ni siquiera vale la pena acudir a mí?

¿Será que estás tan cerca de los problemas que no puedes ver más allá de ellos....o será que tu fe es tan pequeña que no crees que yo pueda ayudarte?

Sacúdete ese espíritu de derrota. Endereza la espalda y llénate de mi Luz. Dile a tus problemas que tú no estás sólo. Diles a voz en cuello que yo estoy contigo. Deja que esos problemas sean los que se den por vencidos cuando sepan que tú eres mi hijo amado y que yo estoy aquí, a tu lado para darte fuerza, iluminación y espíritu de victoria.

Anda, suelta tu afán. Descansa y ven a sentarte junto a mí un rato para que ores pidiéndome ayuda:

"Papá Dios: Buscando una salida te acabo de encontrar. ¡Y si vieras cuánto te anhelo! Hoy necesito de tu fuerza para caminar frente a la vida. Necesito de tu valor para enfrentarla. Necesito de tu amor para calmar mi corazón. Por favor, Papá Dios, ayúdame. Yo se que tú puedes obrar milagros si solamente te dejo actuar. Enséñame a confiar en ti. Déjame aferrarme a tu poder para ser el hombre que mi familia necesita. Déjame fijar mi vista solamente en la Luz de tu presencia que me ilumine y me proteja. Déjame re-

cordar que estoy contigo y que tú me amas más que nadie en el universo. Con tu fuerza yo puedo superar todo reto. Con tu paz puedo calmar mi corazón y aclarar mi mente. En este día, cuando parta rumbo a mi destino, recordaré que tú caminas junto a mí, hombro con hombro y que aunque yo no pueda verlo, tú estás escuchando mis ruegos y acudiendo a salvarme como tu amado hijo que soy. A lo largo del día, yo también te tendré presente en todo lugar, Señor. Gracias por quedarte junto a mí".

Con gusto te acompañaré en todo momento, mi querido hijo.

Tu padre que te ama, Dios.

Notas:

¿Con quién estás?

Querida Hija:

Me he dado cuenta que tu corazón se ha llenado de un miedo aterrador luego que escuchaste el nombre que el médico puso a tu enfermedad.

Todo el día y toda la noche, te la pasas pensando en todas las cosas terribles que, según tú, esta enfermedad podría a traer a tu vida.

Entre más repasas lo gris que pinta tu panorama, más se estruja tu corazón con miedo. Es como si una mano estuviera apretándolo hasta hacerlo de metal.

A mí, como tu padre que soy, me duele verte tan desolada. Te sientes --y te ves-- demasiado sola. Como caminando perdida en una tierra desierta, donde no hubiera nadie que pudiera tenderte la mano. Es por esto que he decidido hablar contigo. Necesito que prestes atención. El espíritu de la enfermedad, mi querida hija, es solamente una apariencia. Es una cortina de humo que no te permite ver la salud que vibra en tu persona.

Cuando tú fijas tus ojos solamente en esa sombra oscura, le estás dando fuerza y validez. Estás aceptando que esa sombra que te amenaza es más poderosa que nadie. Y te estás entregando a ella. La realidad, querida, es que no hay nadie más poderoso que mi Espíritu. Imagina esta escena: Yo estoy cercano a ti, radiando una Luz blanquísima, perfecta, vibrante de vida y salud, purificando todo tu ser y despojándolo de toda sombra.

Tú estás bañada por mi Luz, envuelta en la paz de mi poder. Y si tú estás ahí, entregada a mí, yo te pregunto: ¿quién podrá estar en contra? La respuesta es: nadie.

Por eso quiero preguntarte: ¿Con quien estás? Con el espíritu de la enfermedad o con el Espíritu de Dios? Tú eres libre de elegir. Anda, dale una patada al espíritu de la enfermedad y dile claramente que sí quieres estar conmigo, repite estas palabras:

"Papá Dios: En la quietud de tu presencia, yo entro a la cascada de tu Luz sanadora. Tu poder sanador recorre todo mi cuerpo limpiándolo, sanándo-

lo y trayéndome energía a mi cuerpo y paz a mi mente. Envuelta en tu Luz, aquieto mis emociones y dejo que seas tú quien restaure mi cuerpo a su estado de salud perfecto. Suelto toda emoción y confío en que tú, mi Padre amado, guiarás las manos de los médicos que me atienden y traerás a mi vida todos los recursos que requiero para sanar. Yo estoy contigo, Señor. Siempre contigo. Con mi corazón abierto acepto ahora las bendiciones de salud que vienen de ti".

Quédate conmigo, hija, que yo sanaré tu cuerpo y confortaré tu espíritu.

Tu padre que te ama, Dios.

Notas:

Siembra el bien

Querido Hijo:

Hace unos días te escuchaba quejarte con un amigo tuyo acerca de alguien a quien hiciste un buen servicio y de quien recibiste un mal pago. Con amargura le decías a tu amigo que tu decisión de ya no volver a ayudar a nadie estaba basada en dos o tres experiencias similares, en las que, según tú, solamente encontraste mal cuando esperabas encontrar bien.

Me da tristeza escuchar tus palabras. Si el bien se desperdiciara, entonces yo no sería un Creador sabio. Sabe bien, mi querido hijo que ningún esfuerzo se desperdicia en este Universo que yo he creado. El bien es una semilla fértil y siempre queda sembrado. A veces tienes oportunidad de ver los frutos. En otras ocasiones no.

Pero el que no puedas verlos, no quiere decir que los frutos del bien no existan. Mira por ejemplo, esa persona que según tú te pagó mal, aprovechará la ayuda que le diste dentro de un tiempo. Yo lo se bien porque él también es mi hijo. Ese hijo mío, por el momento está cegado por las cargas que trae consigo. Sus oídos no escuchan los consejos que le mando y seguirá dando tropiezos sin encontrar salida. Pero un día no muy lejano mis palabras penetrarán su miedo. Yo lograré aquietarlo y él podrá ver más allá de sus limitaciones humanas. Y despertará al conocimiento espiritual y establecerá una conexión conmigo que lo hará muy poderoso.

En ese momento, para ese hijo mío que ahora anda perdido, llegará el tiempo de revisar errores del pasado y aprovechar sus lecciones. Y esta ayuda que tú acabas de sembrar y que pensabas que había sido desperdiciada, dará frutos en su vida. Para ese entonces este hijo mío se habrá movido a otros rumbos distintos a los que tú caminas y quizá él no te tenga al alcance para darte las gracias, pero en silencio, dirá una oración de agradecimiento para ti y de petición para mí en beneficio tuyo. Y caminando por la vida, este hijo mío ayudará a otros como aprendió de verte a ti ayudarlo a él. Y esa semilla de bien que tú sembraste, seguirá dando frutos una y otra vez.

Sin saberlo tú, ese y otros actos de

bondad que has sembrado en tu vida, regresarán a ti o a tus seres queridos en esta o en futuras generaciones. Porque el bien que siembras yo siempre te lo regreso multiplicado en generosa medida.

Ahora que ya lo sabes, sigue sembrando, regando y cuidando las semillas del bien porque no sabes cuándo ni hasta dónde crecerán.

Cuando quieras orar para que tu entendimiento se aclare, repite estas palabras:

"Papá Dios: ayúdame a extender la mano a mis hermanos que lo necesiten. Ayúdame a no juzgar cuando lo único que puedo ver son las apariencias. Ayúdame a confiar sabiendo que tú sistema es mejor que el mío y que si siembro bondad, cosecharé bondad. Este conocimiento que me has dado me hace caminar confiado sabiendo que en cualquier lugar, en cualquier momento donde yo me encuentre, si llego a necesitar ayuda, alguien me tenderá la mano. Igual a mi hijo o al hijo de mi hijo. Igual a mi padre o a mi sobrino o a mi amigo. Todos ellos estarán protegidos por esta red invisible de incontables actos de bondad que al ser sembrados, irán dando frutos cuando menos lo esperemos y cuando más lo necesitemos. Gracias Papá Dios por enseñarme a sembrar bondad".

¿Sabes hijo? Da gusto ver que entendiste la lección y que seguirás siendo un buen sembrador del bien.

Tu padre que te ama, Dios.

Notas:

Cuando pides perdón

Querida Hija:

Nadie puede ver tus pensamientos ni conoce tus sentimientos mejor que yo. Aunque sonríes y muestras una buena cara al mundo, en el fondo de tu corazón hay un dolor de arrepentimiento que te castiga y atormenta.
Cosas del pasado que hiciste, cuando eras inconsciente que tus actos tenían repercusiones. Aquellos años cuando dabas tantos dolores de cabeza a tu mamá porque no escuchabas sus consejos y actuabas sin pensar en el mañana. Ese mañana ha llegado y tu quisieras poder borrar todo ese pasado que ahora miras en su verdadera dimensión.
Ah, mi pequeña. Aquellos años fueron duros para todos los que te amamos. Además de tu mamá, yo también te mandaba mensajes. Yo era esa voz en tu conciencia que te pedía que recapacitaras. Pero no escuchabas. Estabas en la creencia que a la corta edad que tenías, sabías más que tu mayores y más que yo mismo. Creías tener el mundo en tus manos y conocer verdades que los demás ignorábamos. ¿Y ahora qué? Te duele que tu mamá ya no esté contigo. Quisieras poderla abrazar y decirle que te perdone. Quisieras que tus palabras soberbias jamás la hubieran herido. Quisieras que ella no hubiera perdido tantas noches de sueño llorando por ti y pidiéndome a mí que te protegiera y que te ayudara a encontrar el camino del buen vivir.
Querida mía, déjame que te explique que hay un remedio para tu mal. Pide perdón. Si lo haces con un corazón arrepentido te perdonaré y tus desaciertos del pasado yo no recordaré jamás. Del mismo modo puedes pedir perdón a tu mamá. Puedo asegurarte que desde donde ella está, te puede escuchar y que en su corazón para ti siempre hubo y sigue habiendo, el mayor de los amores.
Ella nunca perdió la fe en ti. Yo lo se porque siempre escuché sus oraciones y pude ver que en su corazón el amor se fortalecía a pesar de los contratiempos.
Cuando el espíritu del arrepentimiento quiera asaltarte, ora de este modo:

"Papá Dios, gracias que me has perdonado y que has liberado a mi corazón. En estos callados momentos de oración puedo sentir la paz de tu amor y gracias a tu compasión yo encuentro nuevos motivos para vivir y ser feliz. Con un suspiro muy sentido suelto el pasado y lo dejo en tus manos. Sé que no puedo cambiarlo pero sé que sí puedo aceptarlo, perdonarme, y dejarlo atrás. Sé que hemos abierto una nueva página en mi vida y que el amor tuyo me llena hasta derramarse en mis seres amados. Yo estoy renovada. Esta nueva persona que tú has permitido que nazca, sabe amar y servir. Gracias a ti soy más sabia en mis decisiones. Gracias Papá Dios por amarme tanto y por darme esta quietud que brinda solaz a mi espíritu. Te amo Papá Dios".

Yo también te amo, mi querida Hija.

Tu padre que te ama, Dios.

Notas:

Tú te mereces respeto

Querida Hija:

¿Por qué dejas que tu esposo te maltrate? Día con día este pobre hijo mío que no tiene compasión en su corazón, se dedica a humillar tu persona y a hundir tu espíritu en la más triste de las soledades. Con tristeza veo que tú aceptas el maltrato que él te da como si te lo merecieras. Parece que tú fueras su cómplice de él. Cuando él grita, tú bajas la cabeza y lloras. Cuando él te insulta o abusa de tí, tú te sobresaltas, te llenas de angustia, pero al final aceptas el maltrato como si te perteneciera.

Yo quiero explicarte que tu esposo tiene el corazón vacío de amor. El espíritu de la ira ha tomado raíces en su vida. Este es un espíritu muy destructivo que se alimenta de cualquier situación para envilecer a quien lo anida. Tu esposo se enoja por todo y por nada. Tú no eres culpable de la pobreza de su corazón.

Si tú no estuvieras presente en su vida, él encontraría otras personas y otros motivos para estallar. Quiero que sepas que yo estoy cerca de este hijo mío tan descarriado. Le hablo en su corazón. Le digo que lo que hace está mal. Pero él me ignora porque tiene el corazón atrapado entre la soledad, el miedo y la ira. Él no sabe que si dejara que su corazón se llenara de mi amor, no habría cabida para ningún espíritu de bajo nivel. Sólo yo reinaría en su vida y sería mi amor quien hablaría por su boca y la compasión de mi bondad quien gobernaría sus acciones. Él no sabe que la verdadera fuerza la tiene quien protege a los que dependen de él.

Este hijo mío todavía no está listo para recibir ayuda de mí. Pero cuando él la pida, yo me apresuraré a perdonarlo y lo enseñaré a amar.

Mientras tanto, mi querida hija, yo quiero que levantes tu mirada a mí y entiendas que tú mereces respeto. Fíjate bien lo que te voy a decir. Tú eres mi amada hija. Eres digna de ser escuchada, protegida y amada por los que te rodean. Aún si tú hicieras una pregunta tonta o cometieras un error o fallaras de algún modo, aún así tú merecerías tolerancia, aceptación y respeto. Y si yo, que conozco todos tus

desaciertos y que miro todas las veces que te equivocas y fallas por acción ú omisión, no te condeno, ni te recrimino, ¿por qué habrían de hacerlo otros? Yo, mi pequeña, te amo por encima de todo. Te acepto tal cual eres y me siento muy orgulloso de ti. Tú mereces respeto. No lo olvides.

Acude a mí. Pídeme ayuda. Pídeme que fortalezca tu persona. Pídeme que toque el corazón de tu esposo y lo transforme en un hombre cabal y noble. Pídeme que el espíritu de la ira salga de vuestras vidas y que sea el Espíritu de Dios, o sea el mío, el único que reine en vuestras vidas. Y si él insiste en no querer cambiar, pídeme que te muestre el camino de la libertad y la paz.

Pídeme así:

"*Papá Dios: Gracias por amarme y aceptarme como soy. Gracias por protegerme y mostrarme el camino de la seguridad y el respeto. Gracias porque has abierto mis ojos. Gracias porque tu amor por mí me ha hecho darme cuenta que como tu hija que soy, yo merezco ser respetada, amada y protegida. En estos momentos de oración te pido que traigas paz a mi espíritu. Déjame entender con claridad que puedo vivir mi vida con seguridad y alegría. Entiendo que si abro la puerta de mi vida y te dejo entrar, tú echarás fuera todo aquello que no sea santo y bueno como tú mismo. Te ruego, Papá Dios que tomes mi vida en tus manos y hagas de ella lo que sea necesario para que tanto mis hijos como yo estemos seguros y protegidos. Quédate con nosotros y envuélvenos en tu amor. Amén".*

Al escucharte orar, mi pequeña, yo me quedaré, te protegeré y te mostraré el camino de la libertad.

Tu padre que te ama, Dios.

Cada día es un nuevo día

Querido Hijo:

Cada día, cuando abres los ojos por las mañanas, tu primer pensamiento no es para mí, para agradecerme las bendiciones que te he dado. No. Tu primer pensamiento siempre es para hacerte reproches.
Te reprochas duramente todos los que tu llamas tus "errores" del día anterior.
Tu mente empieza a hacer una lista mental. Repasas momento a momento del día anterior todas las veces en las que según tú fallaste en tu propósito de ser una mejor persona. Que si comiste de más o volviste a fumar. Que si te levantaste tarde o no hiciste ejercicio. Que si fuiste impaciente o demasiado blando con tus hijos. Que si esto, que si aquello.
Para cuando pones los pies fuera de la cama, ya tienes la cabeza baja y los hombros caídos. Antes de iniciar la lucha, ya te has derrotado con tanta acusación y tanto reproche.
No seas tan duro contigo mismo. Tu proceso de ser una mejor persona no se resuelve en 24 horas. Es un camino de toda la vida que implica constancia, tolerancia, aceptación y respeto por tu propia persona. Cada día, mi querido hijo, es un nuevo día. No importa lo que pasó ayer o el día antes de ayer. Lo que importa es que hoy yo te he concedido una nueva oportunidad de volver a intentarlo. Tú ya no tienes el día de ayer. Ese ya se fue. Pero tienes el día de hoy, con nuevas promesas, nueva luz y nueva energía. Cuando abres los ojos por la mañana, lo primero que debes hacer es darme gracias por las bendiciones que tienes y gracias también por las que están en camino (yo siempre te estoy enviando bendiciones frescas, según las pides).
Y tu segundo pensamiento debe ser para pedirme ayuda:

"Papá Dios: Gracias por las bendiciones que hay en mi vida y gracias por las que me estás enviando. Gracias por mi esposa, mis hijos, mis padres y mi empleo. Gracias por mi hogar, mi salud, mis amigos y porque hoy tengo todo lo que necesi-

to. Te pido Señor que este día me concedas fuerza para elegir el camino de la dedicación. Ayúdame hoy a tomar decisiones sabias. Guía mis pasos para que yo camine junto a ti. Enséñame a ser una mejor persona. Yo quiero cumplir mis metas y sé que contigo a mi lado lo puedo lograr. Si a lo largo del día me ves que empiezo a cambiar el paso, por favor Señor, permíteme recordar que contigo todo lo puedo. Quédate conmigo, Papá Dios, que tu presencia me inspira y me da aliento. Gracias".

Contigo me quedaré, querido Hijo. Cuenta conmigo.

Tu padre que te ama, Dios.

Notas:

Me gusta escucharte cuando me das las gracias

Querida Hija:

Me gusta mucho esta nueva forma en la que estás orando. Todas las noches, cuando veo que sacas tu cuaderno, me emociono.

Con un corazón agradecido empiezas a escribir cinco cosas por las que estás agradecida conmigo. Cada día me entero de más y más cosas que me agradeces. Siempre es lindo saber que lo que uno hace es reconocido.

Para que entiendas el poder del agradecimiento, te voy a recordar algo que tú viviste. ¿te acuerdas aquella vez que tu tía te hizo un vestido para que estrenaras el primer día de escuela? Tu mamá te tomó una foto cuando ibas saliendo de casa y te hizo escribirle una carta a tu tía. Con tus falta de ortografía y tu letra de niña de párvulos, le escribiste una tierna carta. Sin tú saber lo bien que ella se iba a sentir, le platicaste que el vestido tenía tus colores favoritos y que tus amigas te habían preguntado quién te lo había regalado. También le dijiste que no te lo querías quitar pero que tu mamá te había obligado a dejarlo para que ella lo lavara.

Tú no lo sabes, pero tu tía disfrutó mucho tu carta y la leyó varias veces. Esa carta hizo que ella sintiera el impulso de hacer más vestidos para ti.

El agradecimiento es como una semilla que una vez sembrada, crece y te da abundante fruto. Así es conmigo. Cuando tú me das las gracias, yo me siento henchido de gusto y trato de darte más motivos de agradecimiento.

Me gusta mucho la oración que repites cada día:

"Papá Dios: Gracias por las bendiciones que tengo y gracias también por las que me estás enviando. Gracias por que cada día encuentro más y mayores motivos de agradecimiento. Aún frente a los retos, mis ojos buscan tu presencia y si me fijo bien veo que cada reto es una oportunidad de crecimiento. Yo te doy las gracias por

todo lo que pones en mi camino. Las personas, las cosas, los caminos y los objetos. Todo trae bendiciones para mí. Algunas veces las veo claramente y otras me toma un poco más de tiempo reconocerlas pero se que tú eres generoso y siempre quieres lo mejor para mí. Gracias Papá Dios. Te amo".

Gracias a ti, querida Hija, porque tu agradecimiento me llena de gozo.

Tu padre que te ama, Dios.

Notas:

No te precipites

Querido Hijo:

Tienes un temperamento de fuego. Con cualquier cosita te enciendes y actúas con imprudencia. Siempre has sido así, desde que eras pequeño. Esta forma de ser tuya tiene ventajas porque te hace actuar y ser productivo cuando tu mente se prende. Es entonces que encuentras soluciones y no tienes temor de ponerlas en práctica. Tu pasión por la vida te hace ser eficiente y muy trabajador. Eso es de admirarse.

Pero cuando es tu corazón el que se prende, cuando son las emociones negativas las que dominan tus acciones, entonces pierdes la razón y haces cosas de las cuales luego te arrepientes. Yo me recuerdo aquella vez que dejaste un empleo muy prometedor porque tuviste una discusión con tu jefe. No esperaste a que el fuego se apagara y tomaste una decisión al impulso acalorado de la discusión. Hiciste mal porque cerraste las puertas de una oportunidad que yo había puesto en tu camino. Tú te merecías todas las cosas buenas que ese empleo te iba a traer, pero tomaste una decisión permanente basado en una emoción temporal.

Este proceder tuyo te hace volátil e impredecible y te hace perder lo valioso de tu vida. Nada menos ahora estás haciendo lo mismo. Acabas de discutir con tu esposa. Estás enojado porque ella piensa diferente a ti y ya estás empacando para irte. Nuevamente vas a dejar que el calor del momento dirija tu vida.

Cálmate. No cambies nada. La ira es como una llamarada. Pasa pronto. Espera a que tu mente esté clara y tu corazón sereno antes de tomar decisiones permanentes. Si necesitas ayuda, puedes orar así:

"Papá Dios: Estas emociones que me invaden hoy, te las entrego a ti. Permite que el fuego que me domina sea transformado en acción positiva. Ayúdame a que mis pensamientos se aquieten y mi corazón se calme. Que tu amor sea la única ley que domine mi vida. Que tu compasión y tu poder llenen mis sentidos y que mis ojos

 se abran a la verdad que hay en el fondo de cada asunto que yo enfrento. Cuando veas que mi pecho se enciende, por favor déjame alejarme de la situación el tiempo suficiente hasta que yo te encuentre a ti. Déjame cerrar mi boca y refugiarme en tu sabiduría para escucharte a ti y que seas tú quien me diga qué quieres que yo haga. Déjame ser sabio, Señor. Déjame bañar mi espíritu en las quietas aguas de tu inmenso amor. Gracias Papá Dios porque siempre me escuchas".

Yo estoy aquí, querido Hijo, para ayudarte a calmar tus sentidos, siempre que lo necesites.

Tu padre que te ama, Dios.

Notas:

¿Por qué no dejas de pelear?

Querida Hija:

Hasta acá oigo tus gritos. Esos gritos a voz en cuello donde les dices a tus hijos y a tu esposo todos sus defectos y sus fallas. Pareciera ser que crees que el volumen es más importante que el contenido de tus frases.

Es como si quisieras incrustar las palabras en sus oídos para logra que ellos hagan lo que tú juzgas prudente. Tu hogar se ha vuelto un sitio aterrador. Nadie encuentra paz ni reposo entre esas paredes donde reinas con mano de hierro.

Ven, siéntate un rato y déjame que te diga qué pasa por el corazón de tu familia. Mira bien porque quiero que entiendas el proceso por el que pasan estos hijos míos que viven contigo. Por la mañana, cuando salen de la casa escuchando tus gritos agudos que cargan insultos, ellos respiran con alivio porque entre más se alejan de ti, menos puedes alcanzarlos.

Ellos caminan con un nudo en el estómago y con una presión en su corazón y un dolor en su cabeza. Con todas esa desventaja es como enfrentan la escuela y el empleo. Conforme avanza la mañana, el nudo, la presión y el dolor van disminuyendo. Hay días que incluso llegan a desaparecer y ellos logran relajarse y hasta ser un tantito felices lejos de ti.

Pero conforme la tarde cae y ellos piensan que ya es tiempo de regresar, un sentimiento de aprensión los empieza a invadir. El abrir la puerta de tu casa es como entrar a una campo minado. Ellos avanzan con miedo porque no saben en qué momento va a estallar una guerra.

Por eso te pregunto, mi amada hija: ¿por qué no dejas de pelear? ¿No crees que ya es tiempo que aceptes a tus hijos y tu esposo sin exigirles perfección? ¿No crees que ya es tiempo que en lugar de tratar de cambiarlos, me des gracias diariamente por que te los di y los disfrutes con todo y sus defectos? Déjame que te diga que si los gritos sirvieran de algo, yo ya te hubiera gritado para que cambiaras. Y es que no tiene la razón el que grita más fuerte, sino el que es sa-

bio en perdonar los errores y disfrutar los aciertos de los seres amados. Lo más importante es que entiendas que los insultos y los gritos generan más errores y matan la voluntad de cambio. Y entre más gritas más se hunden todos.

Por otro lado, la aprobación en los aciertos y los alabos en los éxitos generan respuestas positivas y deseos de hacer mejor las cosas. Y entre más practiques el amor y la aceptación, verás que poco a poco van saliendo todos adelante.

Finalmente te aseguro que si alguien necesita cambiar en ese hogar, amada mía, eres tú. Pídeme que te cambie. Ora así:

"Papá Dios, por favor dame unos lentes que me permitan mirar lo bueno en los demás. Déjame ver a mis seres amados con el mismo amor con que tú los ves a ellos y me ves a mí. Déjame aceptarlos en forma incondicional, así como tú los aceptas a ellos y me aceptas a mí. Déjame entender que si yo cambio, el mundo donde habito empezará a cambiar. Ayúdame a hacer de mi hogar un refugio sagrado. Que estas paredes representen para mis hijos y mi esposo un oasis donde sentirse a salvo. Déjame servirlos, cuidarlos y brindarles alivio y descanso; consuelo y reposo. Permite Señor que mi boca se abra para comunicar amor y alabanza y que mis pasos sirvan para acercarme a ti y a ellos con agradecimiento por tenerlos aquí y ahora. Deja que tu luz llene mi corazón y lo inunde de un amor tan grande que crezca y se derrame hasta alcanzar a esta familia mía que tú me has prestado para que yo los haga felices por el tiempo que tú los dejes conmigo. Gracias Papá Dios por creer en mí y seguirme amando".

Yo estoy aquí esperando tu oración para entrar a transformar tu vida y tu hogar.

Tu padre que te ama, Dios.

El precio de cambiar

Querido Hijo:

Por varios años he visto que te esfuerzas por ayudar a tu hermano que sufre. Cuando él viene a ti y te cuenta sus problemas, lo escuchas con interés y paciencia. Después que él ha volcado sus penas frente a ti, tú con gran amor le das consejo sabio.

Tu, que estás desde afuera, ves con gran claridad qué es lo que afecta a tu hermano, y se lo dices, y se lo explicas y le das la fórmula para salir del rincón oscuro donde se encuentra.

Pero cuando pasan los días, tu hermano que no siguió tus consejos, regresa a ti, derrotado y con las mismas penas arrastrando cual cadenas a sus pies.

Nuevamente lo confortas, lo escuchas y lo aconsejas... y nuevamente él, sin aplicar remedios, regresa derrotado unos días más tarde.

Yo entiendo que te desesperas, porque es tu hermano y porque lo amas y porque te duele verlo en esa situación tan sin remedio donde se ha metido y de la cual no puede salir. Es duro contemplar su dolor y no compadecerse, ¿verdad?

Déjame que te explique que tu hermano no va a cambiar solamente escuchando tus buenos consejos. Él va a cambiar cuando el dolor de permanecer en la misma situación sea mayor que el dolor de hacer cambios en su vida.

Cuando toque fondo. No antes, no después. Él cambiará cuando el dolor crezca a tal intensidad que lo orille a buscar una salida. En esos momentos, lo más seguro es que me busque a mí y entonces yo entraré y transformaré su vida.

Pero mientras tanto no quiero que te desesperes. Lo que puedes hacer por tu hermano, es entregármelo a mi. Ora para que yo lo ayude.

"Papá Dios: Hoy vengo hasta a ti pidiendo ayuda para mi hermano que te necesita pero no lo sabe. Te pido que por favor ilumines su camino. Que abras sus ojos para que pueda ver que existe un modo de vida sano y feliz. Que acerques a su

vida a las personas que pueden traer sabiduría y esperanza para su corazón. Que permitas que se abran ante él nuevas puertas donde encuentre oportunidades de crecimiento. Que al despuntar el día, su corazón se abra a tu Luz y que sea la esperanza la que mueva sus emociones. Que él aprenda a encontrar bendiciones en todo rincón y en todo momento y en todo motivo para que éstas se multipliquen. Yo que tanto he tratado de ayudarlo, hoy te lo entrego a ti, Papá Dios. Lo dejo en tus manos para que lo bendigas y lo protejas y lo guíes. Se que es tu hijo y lo amas y deseas lo mejor para él. Aquí te lo dejo ahora. Gracias Papá Dios que ya me oíste y que siempre me oyes".

Deja conmigo tus cargas y confía en mí, querido hijo.

Tu padre que te ama, Dios.

Notas:

Aceptación

Querida Hija:

¡Tanto como quisieras ayudar a tu hija en su vida y dirigirla hacia caminos más productivos, la verdad es que tienes que aceptar que no puedes! Yo te miro cómo te desesperas con esa historia tan turbulenta que tu hija está viviendo con el marido.

Tienes años en medio de esta situación y tus consejos no han servido de nada. No sirvieron cuando ella trajo al novio a tu casa y tú, nada más de ver cómo la trataba, te diste cuenta que él no era una buena elección para esta muchachita tuya que siempre fue bien portada y entendida.

Tus consejos tampoco sirvieron cuando tu hija se embarazó y decidió casarse con el ahora esposo. No sirvieron cuando él la corría del hogar conyugal y ella llegaba a refugiarse a tu casa, con su hijito en brazos. No sirvieron cuando la abandonó en medio de la noche, hijito en brazos y sin alimentos. Y siguió sin hacer caso cuando él la golpeaba y tú la aconsejabas que se protegiera, que no dejara que él abusara de ella. En estos años, la has recibido en tu casa incontables veces y las mismas que la has visto regresar a él para ser maltratada de nuevo.

Ahora, esta noche que no puedes dejar de llorar porque ella se acaba de ir de nuevo con el esposo, ilusionada porque está embarazada por segunda vez y pensando que el nuevo hijo le traerá la unión y dicha que tanto anhela, aunque tú sabes bien que el nuevo hijo llegará a sufrir la misma suerte del anterior.

Y te sientes impotente ante tanto abuso del esposo y tanta ceguera de tu hija. Y yo, mi querida hija, quiero decirte que es tiempo que aceptes que no puedes hacer nada. Tú no tienes poder sobre su vida.

Entiéndelo. Deja ya de intentar cambiar una situación que no puedes cambiar. ¿Cómo puedes lograrlo? La fórmula es sencilla. Sigue estos tres pasos:

* Acepta que tú no puedes hacer nada.
* Entiende que Yo sí puedo.
* Deja todo en mis manos.

Pídemelo así:

"Papá Dios: Hoy acepto que no puedo cambiar el destino de mi hija. Entiendo que tú sí puedes intervenir en su vida y transformar en bueno y santo todo lo que la rodea. Sé que tú la amas quizá mucho más de lo que yo, en mi condición humana, puedo alguna vez amarla. Sé que si la dejo en tus manos, tú la protegerás donde quiera que ella esté. Entiendo y acepto que estas experiencias que ella está viviendo tienen un propósito, aunque yo no pueda verlo por el momento. Sé que cuando ella supere esta situación será una persona más fuerte y más sabia. Yo te la entrego, Papá Dios. La dejo en tus buenas manos y te pido me digas qué quieres que yo haga mientras tú trabajas en su vida. Dame fuerza para aceptar las cosas que no puedo cambiar, valor para cambiar lo que sí puedo y sabiduría para reconocer la diferencia. Gracias Papá Dios que ya me oíste y que siempre me oyes".

Gracias por tu fe en mi. En el tiempo perfecto, querida hija, yo te responderé.

Tu padre que te ama, Dios.

Notas:

Mi inmenso amor por ti

Querido Hija:

Muy a menudo vengo a verte por cuestiones de tu crecimiento espiritual. Esas visitas mías tienen por objeto señalarte asuntos donde puedes hacer cambios que traigan mayor satisfacción y paz a tu vida. Pero este no es el caso de hoy. Este día solamente vengo a decirte cuán importante eres para mí y cuánto te amo.

Tú eres mi hija. Desde que eras pequeña te he visto crecer y me he sentido muy orgulloso de ti. Te he seguido de cerca en todos los momentos donde hubo triunfos y especialmente en aquellos momentos donde hubo fracasos.

He gozado al verte celebrar los primeros y sobreponerte en los segundos. He admirado tu persistencia, tu espíritu que sabe sobreponerse a los contratiempos. Mi corazón de padre se ha llenado de amor cuando te he escuchado reír y también cuando te he visto limpiarte las lágrimas y echar tu fuerza para adelante, para seguir insistiendo, para seguir tratando de hacer lo que es correcto, lo que es bueno.

Siempre has sido mi orgullo y mi alegría. Te amo mucho, mi querida hija. Nunca lo olvides. Mi amor por ti no tiene condiciones. Yo no te amo porque seas perfecta sino porque eres mi hija.

Quiero que recuerdes mis palabras por las mañanas, cuando despiertes. Antes de enfrentar tu día, piensa en mí. Piensa en el inmenso amor que tengo por tu persona. Gózate en ese amor para que tu espíritu se fortalezca y los retos del día sean más fáciles de dominar.

Piensa en mi amor a lo largo del día para que este amor se refleje en todo lo que hagas. Y vuelve a pensar en mi amor en las noches, cuando vayas a dormir para que sea la paz de este amor infinito la que te envuelva mientras te preparas a echar fuera el cansancio de la jornada. Comunícate conmigo para darme las gracias por amarte así:

"Papá Dios: Gracias por tu amor. Gracias porque cuando cierro mis ojos y pienso en que tú me amas así como soy, siento un gozo inmenso en mi corazón. Gracias porque tu amor en mi vida trae consue-

lo y fuerza; trae protección y también alivio. Gracias por amarme, Papá Dios, y porque tu amor incondicional me enseña a mí a amar a los demás con un amor que es más paciente y servicial. Cuando trato de entender ese inmenso amor que sientes por mí, me inclino más a aceptar a los demás tal y como son. Así como tú me amas a mí, tal y como soy. Papá Dios, permite que en este día, tu amor me inunde y crezca dentro de mí hasta derramarse en mi entorno, para que alcance a todo aquél que se cruce en mi camino y para que bendiga nuestras vidas, Amén".

Yo te bendigo, hoy y siempre.

Tu padre que te ama, Dios.

Notas:

Tú no tienes ningún problema

Querido Hijo:

A todo mundo que quiere escucharte le cuentas que no tienes dinero. Te quejas con angustia del presente y con ansiedad del futuro. Por más que sumas y restas, el dinero no te alcanza y sientes que tus problemas son demasiado grandes para cargarlos.

Las noches son las peores porque es entonces que, en la soledad y la oscuridad, los fantasmas de la carencia parecen ser invencibles. Ellos te amenazan y te asustan y no te dejan dormir.

Es por eso que hoy he venido a decirte que tú no tienes ningún problema. Si te falta dinero, lo único que tienes que hacer es pedírmelo a mí. Haz una lista de tus necesidades y pídeme a que abra puertas y canales de provisión para ti y tu familia.

Cuando no me hablas, cuando me olvidas o cuando quieres resolver las cosas por ti solo, es cuando de verdad tienes un problema. Pero cuando trabajas con servicio y entrega. Cuando llenas tu corazón de mi amor y fijas tu mirada en mi poder y tu oración en mis oídos y tu fe en el porvenir, no tienes problemas. Entre más grande sea tu necesidad, mayor debe ser tu oración y tu fe. Pídeme a mí, mirando el bien que anhelas y echando fuera de ti las dudas y los pensamientos y quejas de carencia. Fija tu vista en mi y no pienses en cómo voy a hacerle yo para resolver tu problema. Descansa tu espíritu sabiendo que yo tengo una fuente infinita de canales de provisión que puedo hacer llegar a ti.

Deja de preocuparte por dinero para que puedas dejar de preocuparte por dinero. Recuerda que yo escucho, cuando tú oras con certeza:

"Papá Dios: Tú eres mi fuente de provisión. Todo lo que tengo y lo que soy es gracias a ti. Tú eres quien me prospera y quien derrama sus dones sobre mi y mis seres amados. Tú eres quien me rodea de abundancia y envía soluciones a mi vida. Cuando concentro mis pensamientos en ti como Divina Providencia, me doy cuenta que tú eres un manantial de donde fluye constan-

te todo bien, todo amor, toda provisión. Contigo pienso pensamientos de prosperidad y hablo palabras de sabiduría y abundancia. Contigo todo está sanado. Todo está cubierto. Todo es perfecto, como tú. Gracias Papá Dios que siempre me oyes".

Yo te prosperaré y te bendeciré.

Tu padre que te ama, Dios.

Notas:

Sin razón alguna

Querida Hija:

Me gustaría que hoy vinieras a visitarme sin razón alguna. Me gustaría que interrumpieras tus labores por unos minutos y vinieras a sentarte a mi lado.
Sería lindo que descansaras tu cuerpo y tu alma para compartir conmigo un pequeño espacio de silencio.
Ven.
Aquí estoy.
¿Sientes como la paz te invade cuando te acercas a mí?
En este espacio donde hay silencio, donde todas las emociones se han aquietado, solamente existo yo.
Aquí, no hay pasado que te abrume ni futuro que te asuste. Conmigo puedes soltar tu carga y dejar que sea yo quien la lleve por ti.

Y mientras estás aquí, pídeme que te llene de Luz:

"*Papá Dios: vine a visitarte. Junto a ti aquieto mi mente, calmo mi sentidos y te entrego mi corazón. Sé que en tu presencia todo es perfecto. Cuando tu estás conmigo, todo lo tengo. En este silencio puedo ver tu Luz y dejar que tu Amor me envuelva y me llene de paz. Gracias por amarme en forma incondicional. Alabado seas Papá Dios. Amén".*

Es una bendición tenerte conmigo, querida hija.

Tu padre que te ama, Dios.

Fortalece tu fe

Querido Hijo,

Cada semana cumples tus ritos religiosos con puntualidad. Oras, hablas de mi a otros y a todas luces pareces ser un hombre de fe íntegra. En tu iglesia participas en actividades y te esfuerzas por ser una buena persona.

Yo te agradezco mucho que hables y pienses en mi. Me encanta saber que yo ocupo un lugar tan importante en tu vida cotidiana. No hay un sólo día que no trates de convencer a otros que tengan fe en mi.

Pero esa fe en mi de la que hablas con tanta pasión es real solamente en tus palabras, pero no en tus hechos.

Yo que puedo ver lo que hay en ti, sé perfectamente que tu fe es débil porque cuando te quedas a solas contigo mismo, tus pensamientos no son de certeza sino de incertidumbre. Tú no piensas: "con el favor de Papá Dios, todo se va a resolver positivamente", sino que piensas "algo va a salir mal, estoy casi seguro". Tú no piensas: "gracias a Dios que mi (esposa, jefe, hermano, etc) me es leal", sino que piensas: "nada más me descuido tantito y de seguro me perjudica". Tú no piensas: "Papá Dios, ayúdame a encontrar una solución a este asunto", sino que piensas: "nada me sale bien… de seguro esto también va a ser un fracaso".

Mi querido hijo: si tú quieres convencer a otros de que yo existo, que soy un padre amoroso y poderoso que puede ayudar, empieza tú por creer en mí. Deja que los hechos en tu vida hablen más fuerte que tus palabras. Deja que tu fe en mí empiece en tu interior para que se manifieste en tu exterior y todos puedan comprobar que yo existo y obro milagros en tu vida.

Pídemelo así:

"Papá Dios: Con un corazón y una mente abiertos, hoy te pido que me ayudes a fortalecer mi fe. Déjame creer en ti desde el fondo mismo de mi ser. Que dentro de mis pensamientos seas tú quien reine. Que sea tu ley y tu poder los únicos que dominen mi vida. Que tu luz brille en mi con tanta intensidad que ilumine todos los

rincones de mi mente y de mi mundo. Te doy gracias por enviarme ideas de prosperidad, amor, salud y paz. Te doy gracias por todas las bendiciones que tengo y gracias también por las que día a día me estás enviando. Soy tuyo de pensamiento, palabra y obra, Papá Dios. Siempre tuyo. Amén".

Gracias hijo, por escucharme y por pedirme ayuda.

Tu padre que te ama, Dios.

Notas:

Piensa en las consecuencias

Querido Hijo:

Tengo una pregunta urgente qué hacerte: ¿De verdad crees que puedes perjudicar a tu jefe sin perjudicarte a ti mismo?

Con tristeza he estado viendo que estás enojado por ciertas situaciones que han ocurrido en tu área de trabajo y que en lugar de poner en mis manos la situación, pretendes hacer justicia con tu propia mano. Así, haces mal y de mal modo tu trabajo. Llegas tarde y haces lo menos que puedes porque piensas que de este modo perjudicas a tu jefe. Por si fuera poco, desperdicias material pensando "Al cabo que a mí qué me importa lo que pase con esta empresa".

Pero no te das cuenta todo acto tiene consecuencias. Cuando siembras mal, cosechas daños. Todo lo que tú haces a otros regresará a ti mismo, multiplicado.

¿Quieres bien? Siembra bien. Cuando estés en tu empleo, sin importar lo que otros hagan o digan, tú, mi hijo amado, pon tu corazón y tus sentidos y realiza tu labor como si estuvieras trabajando directamente para mí. Ten por seguro que el bien que siembres, más tarde o más temprano, regresará a ti, multiplicado y bendecido.

Si necesitas orar, ora así:

"Papá Dios: bendice mis manos mientras realizan mi trabajo. Sé tú quien guíe mis pasos mientras camino por este centro laboral. Se tú quien ponga palabras de servicio y bondad en mi boca; pensamientos de armonía y paz en mi mente y sentimientos de tolerancia y comprensión en mi corazón. Déjame pensar que estás a mi lado inspirándome y dándome aliento mientras hago productivas las horas de este día. Quédate conmigo, Papá Dios, que te necesito siempre. Amén".

Siempre que me busques, yo te responderé, querido hijo.

Tu padre que te ama, Dios.

En la medida de tu fe recibirás

Querido Hijo:

Hay veces que no eres justo conmigo. No me digas que no, porque te he escuchado quejarte de mi con tus amigos, cuando las cosas te salen mal.

"Dios no lo quiso" ó "Dios no lo permitió", dices cuando algo que esperabas, no ocurrió. Nada menos ayer, dijiste esas palabras cuando un empleo que habías solicitado te fue negado. Y tú justificas los resultados echándome a mí la culpa.

Antes que sigas diciendo que soy yo el que no quiero que te vaya bien, déjame recordarte que por varias semanas estuviste pensando y hablando de este empleo: "Con la mala suerte que tengo, no creo que me lo den", ó "De seguro que a este jefe también le voy a caer mal y va a contratar a otro que sí le haga la barba", ó "tengo miedo de hablar porque de seguro me van a decir que ya contrataron a alguien". ¿Te fijas? En ningún momento me pediste ayuda, ni manifestaste fe, ni confiaste en tu capacidad laboral. ¿Sabes qué pensaba el que sí logro ese empleo? Él decía: "Con el favor de Dios, me lo van a conceder", ó "De seguro que este jefe que me entrevistó, se va a dar cuenta que soy buen trabajador" ó, "Yo tengo fe en que esta oportunidad es para mí".

Tanto tú como él recibieron en la medida de su fe. Tú recibiste nada porque eso era lo que esperabas. Él recibió todo porque tenía fe de recibirlo en forma cabal.

Querido hijo: tus palabras y tus pensamientos se materializan en tu realidad porque en la medida de tu fe es que recibes.

¿Quieres recibir milagros? Pídemelos así:

"Papá Dios: Gracias por este empleo que solicité. Yo se que con tu ayuda, recibiré este empleo o uno mejor que tú tengas destinado para mí. Gracias porque en todo momento y a donde quiera que voy, tú me acompañas, fortaleces mi fe y me abres caminos de éxito y prosperidad. Gracias Papá Dios, por las bendiciones que tengo y gracias por las que me estás enviando. Amén".

No lo olvides, querido hijo, aumenta tu fe porque en la medida de tu fe es que recibes.

Tu padre que te ama, Dios.

Notas:

¿Por qué tanta urgencia?

Querida Hija:

Siempre has sido un torbellino de actividad y yo te admiro por eso. Hay asuntos que cuando llegan a tus manos toman una calidad de urgencia. No sabes hacer las cosas a medias.

Sin embargo, hay ocasiones en que pones demasiada de tu energía y tu tiempo persiguiendo cuestiones secundarias. Nada menos ayer, no descansaste hasta conseguir un vestido que según tú, era ab-so-lu-ta-men-te imprescindible que consiguieras. Yo entiendo, mi querida niña, que es lindo tener un vestido nuevo, pero también creo que pusiste demasiado empeño en lograrlo.

¿Cómo puedes saber cuándo buscar sin descansar y cuando descansar sin buscar? Es fácil determinarlo. Mira, mi pequeña, los deseos que llegan a ti cuando estás pensando solamente en tu persona, son deseos de recibir y sirven para satisfacer tu cuerpo. Los deseos que llegan a ti cuando estás pensando en los demás son deseos de dar y sirven para satisfacer tu alma.

Trata de que en tu vida haya un balance entre los deseos de tu cuerpo y los deseos de tu alma. Los deseos de tu cuerpo te sirven para sentirte bien contigo misma por un rato pequeño. Los deseos de tu alma te sirven para hacer sentir bien a los que te rodean. Esta satisfacción es más profunda y te hará sentir bien contigo misma en forma más duradera.

Si necesitas ayuda, ora así:

"Papá Dios: Hoy te pido que me muestres el camino del servicio, la compasión y la entrega. Permite, Señor, que mis manos descansen a mis seres amados. Deja que mi cuerpo y mi mente trabajen al servicio de estos seres que tú pusiste en mi camino para que yo los cuidara. Tanto aquellos que debo cuidar toda mi vida, como aquellos que pasan solamente por unos años, o unos días, o hasta aquél que solamente se cruzará en mi camino por breves minutos. Yo se que tú necesitas de mí para cuidar de tus otros hijos. Gracias Papá Dios por esta labor que me has encomendado.

Este día de hoy, muéstrame el camino del servicio, que yo estoy aquí para lo que ordenes. Soy tuya, Papá Dios, y estoy aquí para servirte. Tú mandas, yo obedezco. Amén".

Gracias hija, es lindo saber que puedo contar contigo.

Tu padre que te ama, Dios.

Notas:

Invócame en momentos de peligro

Querido Hijo:

Cada día, cuando sales de casa, no olvides que yo puedo brindarte protección en todo momento. Si algún día, mientras haces tus quehaceres, o recorres caminos conocidos o desconocidos, llegaras a enfrentar una amenaza inesperada, acuérdate de mí.

Yo siempre estoy cerca de ti, pero solamente intervengo cuando me lo pides. Sabes bien que respeto tu independencia y me mantendré a un lado si es que veo que puedes o quieres resolver los problemas por ti mismo.

Pero si llegaras a sentir que el peligro que enfrentas es mayor de lo que puedes enfrentar, basta con que digas: "Ayúdame, Papá Dios", para que yo inmediatamente me manifieste frente a ti.

Sólo necesitas esas tres palabras para que yo te responda, pero si, en tus ratos de reposo, quieras orar pidiendo mi protección, puedes hacerlo así:

"*Papá Dios: Gracias por darme protección en cada lugar y en todo momento. Es reconfortante saber que tú estás al alcance de mi voz y que si algún día llego a necesitarte, con sólo pedirla, obtendré tu ayuda inmediata. Gracias por caminar conmigo a donde quiera que voy. Contigo o tus ángeles a mi lado, yo se que siempre estaré seguro y que tu Poder es infinito y tu amor por mí, también. Te amo, Papá Dios".*

No lo olvides, hijo. Yo estoy siempre al alcance de tu voz.

Tu padre que te ama, Dios.

Así como eres, eres digno de ser amado

Querido Hijo:

Tú no eres tú frente a los demás. Me he fijado que tienes una imagen en tu mente de cómo deberías ser tu. Y que te escondes atrás de esta imagen para relacionarte con tus amigos y tus familiares.

Tú piensas que debes ser muy valiente, muy fuerte y "muy interesante" (lo que sea que eso signif100a) y entonces asumes una actitud que, según tú, te muestra con todas esas características frente a los demás. Si en algo sientes que "fallas" respecto a este molde que de ti mismo te has forjado, lo escondes para que nadie se de cuenta. Tus "errores" son impronunciables y si alguien te los señala, montas en cólera y los niegas enérgicamente.

Este fingir te cansa porque no te permite relajarte ni mostrarte tal cual eres frente a nadie. Al final del día, cuando quedas a solas contigo mismo, respiras con alivio y te quitas tu disfraz. Entonces lo guardas para ponértelo prontamente cuando despiertas. ¿Será que tienes miedo a que si otros te conocen tal cual eres, te dejarán de amar?

Déjame decirte que tú y yo sabemos que tú no eres todas esas cosas que quieres hacer creer a otros que sí eres. Tú y yo sabemos que a veces sientes miedo y debilidad y también aburrimiento. Pero lo que no sabes es que está bien ser todo eso. Porque es tu debilidad pasajera lo que le da validez a tu valentía de todos los días. Es tu debilidad ocasional lo que hace admirable tu fortaleza. Y es tu modo de ser sencillo lo que da sabor y color a tu vida.

Está bien que te muestres ante otros tal y como eres. Tienes derecho a fallar de vez en cuando y a cometer errores porque son éstos los que te permiten aprender y ser mejor persona. Al fin y al cabo eres "imperfecto" como ser humano que eres. Si tu te aceptas y te amas tal cual eres, los demás aprenderán a respetarte y a amarte de igual manera. Y entonces tu relación con los demás será auténtica y no estará basada en un engaño. En cuanto a mí, quiero que sepas que te amo siempre, de cualquier modo, en todo momento y seas como seas. Yo te amo aún cuando te conozco mejor que la palma de mi mano. ¿Quieres que te ayude a ser tu mismo? Pídemelo así:

"*Papá Dios: Gracias por amarme sin condiciones. Gracias por aceptarme tal como soy. Te pido Papá Dios que me ayudes a amarme del mismo modo. Que me ayudes a aceptarme. Que yo aprenda a reconocer mis cualidades y a trabajar en mis carencias. Déjame entender que soy digno de ser amado a pesar de mis defectos y de mis desaciertos. ¡Es tan liberador el saber que puedo sentirme a gusto conmigo mismo a solas y también en presencia de los demás! Te prometo, Papá Dios, que si en algún momento siento necesidad de fingir que soy quien realmente no soy, recordaré que tú me amas sin razón especial y sin condición alguna y que tengo derecho a que los demás me amen y respeten por igual. Amén".*

No lo olvides, querido hijo. Así como eres, eres digno de ser amado.

Tu padre que te ama, Dios.

¿Por qué yo, Dios mío?

Querida Hija:
Cuando lloras como hoy y con esos ojos llenos de tristeza me preguntas: ¿Por qué yo, Dios mío?, me doy cuenta que no comprendes que lo que te pasa no es un castigo, sino una oportunidad de crecimiento. Cierto que ahora estás frente a una situación dolorosa y difícil. Lo sé y como mi hija que eres, me duele verte sufrir. Pero los retos que llegan a tu camino son necesarios para que avances en tu desarrollo espiritual.

Cuando venzas esta situación que ahora te abruma, serás una persona más fuerte, comprenderás mejor el dolor y la sabiduría que ganes te servirá para ayudar a otros de mis hijos que estén pasando por situaciones similares.

Cada hecho que ocurre en tu vida, ocurre por alguna razón. En ocasiones una persona difícil llega para enseñarte paciencia o compasión. Un tropiezo puede enseñarte tolerancia (para soportarlo) y astucia (para resolverlo). Un dolor puede enseñarte humildad (para aceptarlo) y fortaleza (para superarlo).

Cuando enfrentes un reto no me preguntes "¿Qué he hecho yo para merecer esto?". Mejor pregúntame: "¿Qué quieres tú, Papá Dios, que yo aprenda con esta situación?". Ora así:

"Papá Dios: Por favor señálame el camino que yo debo seguir hoy. Sé que hay algo que debo aprender de esta situación y estoy abierta a escuchar de ti qué es eso que yo necesito saber. Sé bien que cuando aprenda mi lección, me moveré hacia un plano superior. Sé también que si aprendo bien esta lección que ahora tengo frente a mí, jamás volveré a vivir una situación similar. Ilumíname, Papá Dios. Deja que mis ojos se abran a tu luz y que mi entendimiento vea con claridad la lección latente. Llévame de la mano a ese lugar de sabiduría y amor donde yo encontraré la solución perfecta para mí y todos los que me rodean. Bendíceme Papá Dios y mientras venzo este reto, consérvame en la palma de tu mano. Te amo, Papá Dios. Amén.

Confía en mí, querida hija, que yo cuidaré de ti en todo momento.
Tu padre que te ama, Dios.

Nunca dudes de mí

Querida Hija:

Has venido a buscarme en tus momentos de desesperación. En tu boca hay palabras de súplica mientras te diriges a mí, pero en tu corazón hay sentimientos de duda. Me pides que te ayude, pero sientes que no voy a responder.

Lloras y ruegas que te escuche y que te socorra, pero no sientes ningún consuelo porque todos te han fallado y piensas que yo también lo voy a hacer.

Mi pequeña: nunca dudes de mí. ¿Cómo podría yo no escucharte si eres mi hija? ¿Cómo podría yo no responderte si te amo tanto?

Yo estoy aquí. Siempre lo he estado, pero es hasta ahora que has tocado fondo, que volteaste tu rostro a mí pidiendo que intervenga.

Déjame calmar tus heridas y mostrarte el camino de la verdad. Déjame llevarte por lugares de paz, sanación y prosperidad.

Confía en mí hija y ten fe y paciencia en que yo te responderé en el tiempo perfecto. Mientras tanto, sigue orando así:

"Papá Dios: gracias por escucharme y brindarme aliento. Gracias por ser mi consuelo y mi fortaleza.

Gracias por devolverme la fe y la esperanza. Yo ahora me calmo y quedo en espera de tu respuesta.

Manifiéstate en mi vida, Papá Dios. Muéstrame el camino. Dime qué es lo que tú quieres que yo haga. Dame por favor las herramientas que necesito para salir adelante. Acerca a mi vida a las personas que necesito para acompañarme en esta jornada. Camina a mi lado para que yo me sienta segura. No te apartes de mí y deja que yo te ame con la misma fuerza que me amas tú. Amén".

Confía en mí, querida hija.

Tu padre que te ama, Dios.

Amate a ti mismo (y también a los demás)

Querido Hijo:

Yo se bien que tú eres una buena persona que desea siempre hacer lo mejor. Sé que ayudas al vecino y que proteges y cuidas de tu familia como todo un hombre honrado.

Cuando eras niño escuchaste en tu iglesia decir "Ama a tu prójimo como a ti mismo" y lo has aplicado con compasión y espíritu de servicio.

Y yo me siento muy orgulloso de ti. Pero quiero pedirte que no olvides la segunda parte de esa frase.

Tan importante es amar a tu prójimo, como lo es el amarte a ti mismo.

Esto te lo digo porque a menudo he notado que no te amas suficiente para tratarte bien. Descuidas tu cuerpo y tu mente repite constantes reproches y críticas por todo lo que haces o dejas de hacer.

Amarte querido hijo, realmente amarte significa tratarte a ti mismo con la misma compasión y respeto con la que tratas a tu prójimo. También significa cuidar tu cuerpo y procurar que tu mente no esté en guerra con tu persona.

Si necesitas ayuda, puedes orar así:

"Papá Dios: hoy quiero aprender a amarme con la misma aceptación incondicional con que me amas tú. Quiero aprender a ser tolerante y compasivo con mi persona. Déjame mirarme al espejo con admiración y respeto. Quiero reconocer cada buen esfuerzo que hago. Quiero aprender a contar los aciertos y a celebrar los avances. Te prometo que hoy, durante el día, recordaré cuánto me amas y trataré de amarme también porque yo se que tu amor, reflejado en mi corazón, crecerá y alcanzará a los que me rodean y llenará de gozo mi corazón y mi vida. Tú eres así, Papá Dios, grande y maravilloso y yo soy tu hijo y te amo y me amo a mí también tanto como a mi prójimo. Amén".

Gracias por escucharme y obedecerme, querido hijo.

Tu padre que te ama, Dios.

Notas:

Cuida a tu pequeño

Querido Hijo,

Por muchos años, cuando tú eras pequeño, hubo quienes cuidaron de tí. Nunca te faltó nada porque tu mamá, tu abuela y tus tíos estaban cerca para vigilar que nada te faltara.

Tú no lo sabes, pero en tu familia había varios que oraban porque yo te protegiera. Fuiste cuidado con gran amor a pesar que tu papá estuvo ausente. Ese hijo mío descarriado que abandonó a tu madre cuando aún no habías nacido tú y que nunca quiso volver el rostro atrás, no estuvo cerca para verte crecer, estoy de acuerdo.

Pero en su lugar yo te envié unos tíos y varios maestros quienes te apreciaban y que fueron modelos de inspiración para ti.

Hoy que has crecido, te has vuelto padre. Y con tristeza veo que en lugar de reparar tu historia, te has convertido en un repetidor. Ahora eres tú quien huye de un pequeño y se niega a darle su nombre y su protección.

¡Qué tristeza mirarte que haces pagar a un inocente las culpas de otro! ¿Qué no te das cuenta que estás continuando una cadena de abandonos?

Tú tienes el poder de romper esa cadena. Tú tienes el poder de cambiar la historia. Cuida a tu pequeño, hijo. El tiempo que pierdas hoy, no podrás recuperarlo jamás.

En lugar de huir, quédate con él a ser el padre que hubieras querido tener. Dale ese amor que te faltó. Recíbelo con alegría cuando anote goles y cura su rodilla lastimada.

Abrázalo cuando tenga aciertos y háblale seriamente cuando cometa errores. En las buenas y en las malas, como nunca lo hizo tu propio padre, quédate al lado de tu hijo y cambia su vida.

Dale la certeza de que es amado y aceptado. Si lo haces, cuando él crezca y se vaya, tendrás la satisfacción de una labor bien hecha y podrás dormir sin remordimientos, en paz contigo y conmigo.

Si te cuesta trabajo encontrar tu camino, pídeme que te ayude:

"Papá Dios: Ayúdame a ser un buen padre para mi hijo. Déjame amarlo con ese amor que sabe servir. Déjame protegerlo a diario. Enséñame a estar con él y tenerle paciencia cuando regreso de mi

trabajo, cuando se porte mal y cuando yo esté cansado. Déjame saber que todo el amor que yo invierta en él, crecerá y se multiplicará en sus hijos y en los hijos de sus hijos. Déjame entender que esta semilla que yo siembro ahora, fructificará en alegrías para mí y para él y para mis generaciones futuras. Déjame amarlo a él con la misma aceptación y entrega con que me amas tú. Gracias Papá Dios que ya me oíste y que siempre has estado, estás y estarás conmigo. Amén"

Con gusto te ayudaré hijo.
Tu padre que te ama, Dios.

Notas:

La venganza

Querida Hija:

Tu mejor amiga te traicionó y tú te pasas los días pensando cómo vengarte de ella. En tu pecho hay un gran rencor que hace hervir tu sangre.

Tu mente repasa una y otra y otra vez los agravios recibidos. En tus pensamientos hay diálogos de lo que vas a hacer y a decir ahora que la tengas enfrente.

El ansia te invade esperando la oportunidad de desquitarte de lo que ella te hizo. Y lo más extraño de todo esto es que hasta me has pedido ayuda para llevar a cabo tu venganza.

Querida mía, mi pequeña insensata. Si sigues adelante con tus planes, yo estoy seguro que esa amiga tuya va a recibir la lección de su vida con tus acciones. Pero déjame que te diga qué es lo que va a pasar contigo.

La venganza es un placer efímero. En el momento en que la veas consumada, por unos segundos vas a ser la dueña del mundo. Vas a sentir un gran poder y un placer infinito. Pasados esos efímeros segundos, cuando veas el dolor que has causado, vas a sentir remordimiento y cuando tengas que pagar las consecuencias de tus actos, vas a sentir pesar y arrepentimiento.

La venganza, como todo, tiene un precio. Vas a tomar veneno para matar a dos. ¿De verdad quieres hacer eso? Déjame que te diga que hay otro camino: Yo.

Acércate a mi y pídeme que te ayude a soltar la rabia y el dolor:

"Papá Dios: Ayúdame a quitarme esta carga que oprime mi corazón y mis sentidos. Déjame acercarme a ti y buscar refugio bajo tu manto. Déjame buscar la protección de tu infinito amor para sanar mis sentidos. No quiero sentir esto que tengo dentro. Quiero ser libre del pasado. Quiero quitarme, como un traje viejo, este pesar. Quiero dejar en tus manos este asunto. Se tú, con tu infinito poder y sabiduría, quien traiga orden y justicia a nuestras vidas. Yo confío en ti, Señor, y hoy cerraré mis ojos, calmaré mi corazón y mi mente y me envolveré en tu amor para seguir adelante con mi vida. Por favor papá Dios, encárgate tú de todo lo demás. Gracias

Papá Dios que ya me oíste. Amén".

Gracias a ti, querida hija, por confiar en mí.
Tu padre que te ama, Dios.

Notas:

El amor requiere esfuerzo

Querida Hija,

Me pides ayuda para que me lleve de tu vida a "toda esa gente odiosa" que te rodea. Yo recibo tus peticiones y por más que me fijo bien, no encuentro a nadie "odioso" junto a ti.

Desde donde yo estoy, lo único que veo es a varios de mis hijos, todos personas buenas como tú, tratando de vivir su vida lo mejor que pueden.

Algunos de ellos cometen errores y sufren las consecuencias porque todavía no me conocen y no saben que pueden pedirme ayuda. Algunos otros, aunque ya me conocen, todavía no entienden qué tan poderoso soy ni qué tan buena herramienta es la oración y por eso siguen enfrentando retos en forma solitaria y dolorosa.

Pero a mi no me importa si ellos se equivocan o si se olvidan de mí. Yo los amo a todos. Ellos para mí representan el amo incondicional. Ese amor que sigue firme contra viento y marea.

Por eso te pregunto ahora: "¿Dónde están esos odiosos de los que hablas?". ¿Será que no son ellos los que son odiosos, sino tú que miras con lentes de odio a mis otros hijos?

Yo no puedo alejar de ti a nadie. Todos aquellos que he enviado a tu vida, los he enviado por algún propósito que de momento no me acuerdo. Quizá los envié para enseñarte paciencia y tolerancia, o simplemente para que aprendas a practicar el amor, porque el amor, mi querida hija, es una labor dura.

Amar a otros significa aceptarlos con un corazón respetuoso y abierto, que no juzgue y mucho menos condene. Es un amor que no cuenta ofensas y que cada noche hace borrón y cada mañana se levanta para empezar de nuevo.

¿Necesitas ayuda para practicar ese amor?, Pídemela así:

"Papá Dios, hoy vengo a pedirte que llenes mi corazón de amor por los seres que me rodean. Déjame ver en ellos tu presencia manifestada en todas las criaturas de tu creación. Déjame entender que el amor es algo que se ejerce a voluntad, cuando muestro compasión y tiendo la mano a mi hermano que sufre. Cuando no juzgo, sino que dejo en tus manos todo lo que no alcanzo a com-

prender. Cuando en lugar de criticar a mis hermanos, concentro mis esfuerzos en ser mejor persona. Déjame limpiar mi corazón de toda condena y llenarlo de buena voluntad. Déjame, Señor, encontrar motivos aunque sean pequeñitos, para amar a los demás. Que si tú me tienes paciencia, esta hija tuya, te promete poner su mejor esfuerzo en respetar y servir lo mejor que pueda a tus otros hijos, para que tú te sientas orgulloso de mí. Gracias Papá Dios, que ya me oíste".

Si lo pides con tu corazón, yo te responderé, querida hija.
Tu padre que te ama, Dios.

Notas:

¿Dónde estás?

Querida Hija:

Con eso de que yo puedo leer tu mente y tu corazón con total claridad, en los últimos días he puesto especial atención cuando estás orando.

Me he dado cuenta que tu boca repite palabras que sabes de memoria o lees de algún devocionario, pero tu mente se va y se pierde en lugares oscuros.

Nada menos ayer, que me pedías ayuda para pagar la renta, tu boca decía: "Ay, Diosito mío (así me llamas cuando estás rogando), por favor, te lo suplico por lo que más quieras, ayúdame a pagar la renta".

Esas fueron tus palabras, pero mientras las repetías, tu mente estaba imaginando que llegaba el cobrador de la renta, tocaba a tu puerta y tú tenías las manos vacías y el corazón angustiado. Y mientras seguías diciendo "te lo ruego, por favor, por favor, ayúdame", tu mente recreaba una imagen de ti misma, angustiada y llorosa, escuchando al de la renta decir: "no te puedo esperar, vas a tener qué desocupar".

La verdad, esa forma de orar es muy cuestionable. Tú me pides un milagro con tu boca y con tu mente declaras que yo voy a fallar. ¿Cómo así?

Si piensas que soy incumplido o que no tengo poder para hacer un milagro, entonces ¿para qué me rezas? O si piensas que soy poderoso y que tengo infinitos recursos a mi alcance para solucionar tu problema, entonces ¿para qué dejas que tu mente imagine lo que no quieres que pase?

Por eso te pregunto, querida mía, ¿Dónde estás cuando oras? Si estás conmigo, se fiel a mi. Ora de esta manera:

"Papá Dios: hoy me entrego a ti sin reserva alguna. Frente a ti hoy declaro que creo en ti y en tu poder y bajo el me amparo. Hoy, con mi boca, mi mente y mi corazón te pido ayuda para resolver esta situación. Suelto todo afán y dedico mi empeño a trabajar con dedicación y gozo sabiendo que este milagro que yo te pido ahora, queda sembrado en tierra fértil y que brotará y dará frutos a su debido tiempo.

Yo se bien, Papá Dios, que tú me escuchas y que me concederás esto que te pido o algo mejor. Yo se que tu voluntad es que yo, que soy tu hija, tenga todo lo que necesito a mi alcance siempre y que los recursos de tu reino que están a mi alcance, son infinitos. Hoy abro mi mente y mis manos para recibir tus dones y te doy gracias, desde ya, por que sé que contigo, todo lo tengo. Gracias Papá Dios, por ser tan bueno conmigo".

Eso suena mucho mejor, mi pequeña.
Tu padre que te ama, Dios.

Notas:

El futuro de tu hijo

Querida Hija,

Ultimamente te he visto muy apurada orando y pidiendo que yo saque de la vida de tu hijo a "esa mujer" como tú la llamas.

Me dices, en tu desesperación, que ella "es mala semilla" y que solamente va a hacerle daño a tu hijo. Ennumeras una y mil razones por las cuales yo debería lanzar un rayo fulminador para desaparecerla de la vida de tu hijo, en-este-mismo-instante. Además de eso quieres que lo saque del empleo que tiene y que lo ponga en otro. Quieres que él cambie su modo de alimentación y que administre de tal o cual manera el ingreso que recibe.

Estás obsesionada y no ves más allá de tus narices. Mira hija, no está en ti decidir quién entra y quién no en la vida de tu hijo ni cómo maneja él su propia vida. Desde que él se convirtió en un hombre, él ya no está a cargo tuyo. Ahora él es dueño de su vida y me responde directamente a mí.

Sin embargo, quiero decirte que entiendo tu preocupación de madre pero no te corresponde a ti darnos órdenes a él y a mí para que hagamos tu voluntad. Si tanto te preocupa su destino, pídeme que yo lo ayude. Deja que sea yo quien decida qué es lo mejor para bendecir su vida.

Ora así:

"Papá Dios, cuando mi hijo era pequeño yo lo llevaba de la mano. Ahora que es un hombre, llévalo de la mano tú, por favor. Tú sabes bien que en mi corazón sólo tengo los más nobles deseos porque él esté protegido y sea feliz y por eso lo entrego en tus manos. Yo no lo sé todo, pero tú si lo sabes, Señor. Tú conoces nuestros corazones y ves más allá de lo que nuestros ojos humanos pueden percibir. Tú, que puedes estar en todos lados, por favor te ruego, que estés siempre con él. Ayúdalo, Señor, del mejor modo posible. Yo sé bien que si yo te dejo actuar a ti, tú derramarás tus bendiciones en la vida de él. Y aunque a veces yo no pueda ver los resultados que deseo, sé bien que todo tiene una razón de ser y que tú nos la mostrarás a su debido tiempo si nosotros mantenemos un corazón abierto. Gracias Papá Dios por cuidar de mi hijo. Sabiendo que tú estás a cargo, mi corazón se calma y mis emociones se aquietan. Te amo, Papá Dios.

Descansa en mí, hija. Yo me haré cargo de ti y de tu hijo.
Tu padre que te ama, Dios.

Notas:

Gracias por venir a visitarme

Querida Hija,

Gracias por venir a visitarme. Hoy no has venido a pedir nada, ni a agradecer nada. Hoy has venido a verme simplemente porque quieres estar conmigo.

¡Es tan lindo saber que te acuerdas de mí! Yo gozo mucho con tenerte conmigo. Me gusta saber que tu corazón está ávido de mí. Me llena de satisfacción saber que mi sola presencia trae gozo a tu vida y que cuando piensas en mi, sientes una inmensa paz.

¿Sabes? Me gusta que tú y yo nos sentemos en el silencio. Ahí donde ninguna emoción puede perturbarte, porque la quietud de mi poder te envuelve. Ahí, donde no son necesarias las palabras porque tus pensamientos están conectados con los míos y tú has dejado todos tus afanes a un lado y te has dedicado solamente a disfrutar mi presencia.

Ahí, donde puedes repetir estas palabras, sabiendo que yo las escucho:

"Papá Dios: hoy he venido a verte simplemente porque sí. Esta mañana desperté y me di cuenta que tú estás presente en todos los momentos de mi vida. Aún en los más difíciles, cuando yo no podía verte, tú has estado conmigo. Cuando vuelvo el rostro hacia el pasado, me doy cuenta que tú me enviaste soluciones mucho antes que yo causara los problemas. Entender esto ha abierto la puerta grande de la paz dentro de mi corazón. Por eso estoy aquí. Para decirte que te amo y que estoy feliz de ser tu hija amada y que es muy lindo tenerte en mi vida cada día. Gracias Papá Dios por ser la clase de padre que eres".

Tus palabras me conmueven Hija.
Tu padre que te ama, Dios.

El verdadero amor, trabaja

Querida Hija,
Todos los años de adolescencia oraste con gran fervor para que yo te enviara "al amor de tu vida". En aquel entonces me diste una lista de requisitos. Que si querías que fuera cariñoso. Que si querías que fuera trabajador. Que si querías esto y aquello y yo te lo cumplí todo.

Te envié a uno de mis más generosos hijos que tengo, que tiene un corazón bien puesto donde solamente hay amor para mi, para ti y para vuestros hijos.

Y ahora que lo tienes ¿qué estás haciendo? Tú me dices que lo amas con todo tu corazón, pero tus hechos no corresponden a tus palabras.

Por ejemplo, dices amarlo mucho, pero no eres capas de mantener limpia la casa donde él vive. No te esfuerzas por preparar una comida sana y tampoco te importa administrar bien el dinero que ustedes ganan. Yo veo que él cumple su parte en las tareas del hogar y de la fábrica. Pero tú ¿por qué no lo haces?

El verdadero amor, amada hija, se esfuerza. Vence la flojera y trabaja con dedicación y esmero en beneficio de los seres que yo le he encomendado. Es un amor callado que se levanta temprano y se acuesta tarde vigilando que en el hogar haya armonía y salud. ¿Necesitas ayuda? Pídemela así:

"*Papá Dios, bendice mis manos para que estas trabajen a tu servicio y al servicio de mis hijos y mi esposo. Ayúdame Señor a transformar este hogar que me has dado en un sitio suficientemente limpio para que sea sano y feliz. Yo agradezco Señor las bendiciones que me has enviado en estos seres que forman mi familia y a los que yo amo tanto y te pido me dejes trabajar con dedicación y esmero para que tú y ellos se sientan orgullosos de mí. Ayúdame también a ser ahorrativa y sabia en el manejo de las provisiones que recibimos, para que mi hogar pueda prosperar en seguridad y bienestar. Gracias Papá Dios que me bendices hoy y siempre. Amén".*

Con gusto te ayudaré.
Tu padre que te ama, Dios.

El espíritu del lamento

Querido Hijo,

Vas a tener que elegir. O él, o yo, porque ambos no cabemos en tu mente y mucho menos en tu corazón.

Cuando digo él, me refiero al espíritu del lamento. No me mires con esa cara de extrañeza. El lamento es ese espíritu que camina incansable por tu mente y que es habitante permanente de tu corazón. Es ese que te duele como una herida que sangra en el centro mismo de tu ser cuando recuerdas las cosas que has perdido o las cosas que nunca has logrado tener.

Por ejemplo, esta mañana que te mirabas en el espejo, lamentabas que tus ojos fueran tan chicos y tu boca tan grande. Lamentabas que tu estatura fuera tan corta y tu cintura tan ancha.

Quizá pienses que eso no es importante. Pero… ¿qué me dices de las noches en las que no puedes dormir porque recuerdas tus años de adolescencia cuando le diste muchos disgustos a tus padres? ¡Ah!, vas a decir, "eso sólo lo hago de vez en cuando".

¿Y qué con esas tardes que vienes manejando y te pones a lamentar, como si fuera diccionario, desde la "a" de Ausencia hasta a la "z" de Zarandear, todas esas cosas que abren la herida y hacen sangrar tu corazón?

¿Qué no te das cuenta que si sumas todas esas horas que te la pasas atorado en el "si hubiera" o el "si pudiera", alimentas al espíritu del lamento y no te queda tiempo para mí? Si tú me alejas, ¿quién te va a ayudar? Si apagas mi luz, todo lo que te queda es la oscuridad.

Gira la mirada, hijo. Deja de ver lo perdido y lo ausente y empieza a agradecer lo ganado y lo presente. Cuenta tus bendiciones y de esta manera me dejarás entrar a tu vida y echarás fuera a todos los indeseables.

Yo puedo ayudarte, Hijo, pídemelo así:

"Papá Dios: Ven tú a ocupar mi mente y hazte dueño de mi corazón. Hoy te pido que sea solamente tu Espíritu Santo quien traiga luz a mi vida e ilumine todos mis espacios. Déjame aceptar con serenidad las cosas que no puedo cambiar. Déjame entender que cuando se cierra una puerta, se abre otra. Permite que mis

ojos busquen con visión de fe la puerta recién abierta. Déjame enfocar mis energías en aprovechar todas las bendiciones que me has dado. Déjame entender que así, con lo que soy y tengo, estoy perfecto. Déjame entender que lo único que necesito para ser feliz eres tú. Gracias Papá Dios por sanar mi corazón y aquietar mi mente. Te amo, Papá Dios".

Gracias por escucharme y entender este mensaje, hijo.
Tu padre que te ama, Dios.

Notas:

Paz interna

Querido Hijo,
Eso que atormenta tu corazón y altera tu mente se llama envidia. Es ese sentimiento que experimentas cuando ves que tu vecino tiene algo que tú no tienes.

Cuando te pones a contar las cosas que no tienes, dejas que un abismo se abra en tu vida. El dolor por las cosas de las que careces es desgarrador y te saca verrugas en el alma. Te vuelves una persona muy fea cuando solamente estás fijando la vista en lo que otros tienen.

Cada uno de mis hijos es único. Cada uno tiene sus fortalezas y sus logros. Siempre que te quieras sentir mal contigo mismo, compárate con otros. Pero cuando quieras sentirte bien contigo y conmigo, cuenta tus bendiciones.

Dame gracias por tus fortalezas, por esas características que te hacen quien eres. Los logros, querido hijo, no se miden por lo que otros miran, sino por lo que hay dentro de ti.

Cuando sientas que el espíritu de la envidia empieza a atormentarte, pídeme ayuda:

"Papá Dios: Gracias te doy en este día por todas las bendiciones que tengo. Gracias por mi familia a la que amo tanto. Por mis padres que aunque humildes, me supieron inculcar el amor por ti y el respeto al trabajo. Gracias por mis hermanos que junto conmigo han aprendido a superar retos. Gracias por mi compañera de vida que estira los centavos y hace de este hogar un lugar eficiente y alegre donde vivir. Gracias por mi empleo que me permite tener un techo sobre la cabeza y alimentos en nuestra mesa. Gracias por mis hijos que son lo mejor de mi vida. Gracias por la salud y la energía de mi cuerpo. Gracias por mi fe, porque cuando pienso en ti, todo lo puedo. Gracias por dejarme apreciar todo lo que tengo y por enseñarme a estarte agradecido. Yo se que mi agradecimiento es música a tus oídos. Yo tengo muchas bendiciones, gracias por dejarme verlas en este día. Amén."

Así está mejor, hijo. Así está mucho mejor.
Tu padre que te ama, Dios.

No es tu culpa

Querido Hijo,

Todo lo que pasa en tu vida es culpa de los demás. Incluso yo, que soy tu padre, he sido acusado de tener la culpa de esto o aquello que ha salido mal en tu vida.

Me dices que bebes porque tu jefe es muy exigente y te pone nervioso. Me dices que engañas a tu mujer porque ella es muy celosa y te empuja a refugiarte en otros brazos. Me dices que siempre andas sin dinero porque tus hijos gastan mucho dinero. Y me dices que no prosperas porque yo no te di buena suerte.

En concreto, tú eres una persona buena a quien Yo y la vida hemos tratado mal. Vamos a ver. Deja todo lo que estás haciendo y ven ahora mismo acá a escucharme.

Porque esto que tengo que decirte, lo voy a decir sólo una vez y espero que lo entiendas. Querido Hijo: todo lo que te pasa, es resultado de tus acciones. Tú eres responsable de cada situación que enfrentas. Cada momento de tu vida que presente un reto, es una oportunidad de hacer bien las cosas, de servir a otros, de aprender y ser mejor persona cada día.

Por ejemplo, tú puedes mantenerte sobrio a pesar de las presiones del trabajo. Y puedes honrar tus votos matrimoniales, a pesar de los celos de tu mujer. Y puedes aprender a administrar mejor el dinero para que rinda en todas tus necesidades. Y puedes prosperar si te acercas a mí y me lo pides.

¿Necesitas ayuda? Pídemela:

"Papá Dios: Yo sé que cada día trae consigo situaciones en las que puedo estar tentado a tomar la salida más fácil, pero desde este día, te pido Señor que me ayudes a escoger el camino más largo, el de la rectitud. Permite Papá Dios, que yo no caiga en la tentación de aprovechar los tropiezos para fallarte a ti y fallarme a mí mismo.

Deja que yo entienda que lo que parece fácil de momento, a la larga es muy difícil. Y que lo que al principio parece difícil, a la larga me dejará satisfecho y me ayudará a crecer como ser humano. Ayúdame Papá Dios a dar lo mejor de mí mismo, por mí y por ti. Sin pretextos. Solamente por la satisfacción interna de saber que estoy actuando con dignidad y honradez, como tú y yo nos lo merecemos. Gracias que siempre me haces ver las cosas con claridad. Te amo Papá Dios".

Me da gusto saber que deseas rectificar tu vida.
Tu padre que te ama, Dios.

Notas:

Si existo

Querido Hijo,

A todo aquel que quiera escucharte, le dices con precisa y autoritaria voz que yo no existo. Y después de eso te dedicas a dar cientos de razones que demuestran tu punto de vista.

Yo nunca he sentido la necesidad de defenderme. Hay muchos como tú que afirman que yo no existo, pero enfrentados con una emergencia o con el final de la vida, siempre piensan: "por si acaso, voy a llamarlo (a mí) para que me ayude".

Cuando escucho eso, yo acudo a ayudar, de cualquier modo. Para que lo sepas, yo no llevo una cuenta de las ofensas, ni las anoto en una libreta o en mi memoria. Esas las hago a un lado y las suelto al viento para que se disuelvan.

En mi corazón lo único que cabe es el inmenso amor que siento por mis hijos, incluidos los que afirman que no existo. A todos los amo igual.

Pero hoy pensé en llamarte porque ayer que viste a tu hija enferma, sentado frente a su cama, viéndola dormir, en tu corazón se prendió una llamita y en tu mente paseaba una pregunta: ¿y qué tal si sí existe? ¿Y si existe, querrá ayudarme ahora, después de todo lo que he dicho en su contra?

Por su puesto que sí existo y por su puesto que sí quiero ayudarte. Ponme a prueba:

"Papá Dios: no sé si existes y si me estás escuchando, pero si sí existes y si me estás escuchando, ayúdame ahora. Acude aquí y demuéstrame tu poder. Trae curación. Permite que cada una de las células del cuerpo de mi hija se renueven y se manifiesten en salud y energía. Estoy aquí de rodillas pidiéndote con humildad. Si eres ese ser de amor infinito que me han contado que eres, yo te pido que me perdones las cosas que yo haya hecho mal y te pido que ahora vengas y me hagas sentir que no estoy solo y que mi hija y yo estamos en tu manos. Muéstranos tu misericordia, Señor. Muéstranos tu grandeza y tu poder. Yo estoy aquí, esperando verte

mover montañas. Quiero verte en acción. Quiero verte ya. Gracias Papá Dios que ya me oíste".

Ya te escuché hijo.
Ahora ponte el cinturón de seguridad porque pronto me verás actuar.
Tu padre que te ama, Dios.

Notas:

Si no tienes nada qué decir, no digas nada

Querida Hija:

Ayer te estuve escuchando mientras hablabas por teléfono con tus amigas. Te escuché cómo repetías rumores sobre una amiga tuya que está en desgracia. Con tristeza me di cuenta que tus palabras estaban cargadas de suposiciones, medias verdades y especulaciones.

Sin saber lo que realmente pasa por la vida de esa hija mía, tú repites lo que has oído, haciendo que de esta manera crezca la maledicencia y la mala intención. Escuchar todo esto me entristeció.

¿Cómo puedes lanzar acusaciones y apuntar con el dedo a alguien a quien no has intentado jamás ayudar? ¿Acaso has ido hasta su puerta para tenderle la mano? ¿Acaso la has visto por las noches pedirme ayuda con lágrimas en los ojos? ¿Será que en tu corazón la compasión y el respeto se han ido para dar paso a la dureza y al prejuicio?

Yo quiero pedirte en este día que recapacites. El hablar mal de otros o propagar chismes es alejarte de mi presencia; es apagar la Luz de mi Espíritu en tu vida y es envolverte en la oscuridad.

¿Qué?

¿Acaso creías que si hablas mal de alguien, el mal que invocas solamente va a visitar a esa persona de la que propagas chismes?

No hija.

Si invocas al mal, lo llamas hacia ti y es de tu boca, de tu casa y de tu vida desde donde parte para propagarse hacia la otra persona.

Por eso te pido que si no tienes nada bueno qué decir de alguien, no digas nada.

Sé prudente y calla con respeto, compasión y buena voluntad porque en esos sentimientos donde habito yo.

Si necesitas ayuda, pídemela:

"Papá Dios: por favor te ruego que vengas a estar conmigo. Hoy te necesito para ser fuerte en la presencia de personas mal intencionadas.

No permitas que yo caiga en la tentación de escuchar y pasar a otros rumores o chismes de alguno de mis hermanos o hermanas. Permite, Padre Mío, que mi alma se limpie de maldad y que mi espíritu se llene de ti, para que mis ojos y mis oídos solamente perciban las noticias buenas de mis hermanos que me rodean. Permite que yo me goce cuando ellos progresen y superen sus retos. Deja que yo sienta alegría cuando los vea felices y que yo sienta compasión cuando los vea en apuros. Lléname de tu Luz y utilízame como un canal por donde solamente puedan pasar cantos de alabanza y servicio hacia mis hermanos. Gracias Papá Dios que siempre acudes a hacer de mí una mejor persona. Te amo, Papá Dios".

Siempre estaré contigo, querida hija.
Tu padre que te ama, Dios.

Notas:

Tus prioridades

Querido Hijo:

Ayer te vi pelear con tu familia por asuntos de dinero. Se gritaron y se insultaron y cambiaron iracundas miradas sin llegar a ningún acuerdo.

Nada más en este momento que traigo a colación el asunto, tú te vuelves a encender de rabia, con sólo pensar en lo que ayer transpiró entre ustedes.

Antes que sigas alimentando esa ira, déjame recordarte que el día que regreses a mí, cuando dejes el mundo material y vengas a vivir a mi reino, nada de lo que ahora peleas, traerás contigo.

No importa cuán apegado estés a eso que tanto peleas, ni qué tan "valioso" sea. La realidad es que todo eso lo dejarás atrás.

Lo que vale de las posesiones, es la característica que tienen de ser compartidas. Es su utilidad para servir a otros lo que cuenta. Si las quieres para apropiártelas y acumularlas, entonces no valen para nada.

Cuando vengas hasta mí, lo único que traerás contigo será la luz que hayas creado a base de compartir con tus hermanos todo lo que yo te he prestado para vivir en la tierra.

Lo único que traerás será lo que quepa en tu corazón. La amistad. Los abrazos. Las sonrisas. Las palabras de aliento. Todo eso que diste y que recibiste con amor desinteresado.

¿Tienes dudas y quieres pedirme ayuda? Hazlo así:

"Papá Dios: en este día déjame recordar que todo lo que tengo, me lo has prestado tú. Y ayúdame a comprender que el amor entre más se reparte, más se multiplica. Quédate conmigo, Señor, para que yo aprenda a ser generoso. Para que yo entienda que la riqueza que verdaderamente cuenta es la que se acumula en ratos de paz y buena voluntad compartidos con mis hermanos. Déjame ser generoso, Padre mío, para que estos bienes que tengo sean bendecidos por ti. Yo sé bien que si yo me ocupo de otros, tú te

 ocupas de mí. ¿Qué más puedo pedir si contigo lo tengo todo? Gracias Papá Dios por enseñarme que soy el más rico de los hombres del mundo, cuando soy capaz de hacer felices a los que me rodean".

Me da gusto ver tu nobleza, querido hijo. Así está mejor.

Tu padre que te ama, Dios.

Notas:

Sufres pensando que vas a sufrir

Querida Hija:

Yo me he fijado que no vives el día de hoy por temor a lo que pudiera pasar el día de mañana. Nada menos hoy, te envié un día soleado, no muy cálido pero tampoco frío. El viento es suave para que puedas disfrutarlo. Las flores están brotando por todos lados. Sobre tu mesa hay comida suficiente para toda la familia. El techo sobre tu cabeza, está seguro. Hay salud en tu cuerpo y en el de tus hijos, tu esposo y toda tu familia. Tienes un empleo. Tienes ropas para cubrirte. Tienes fuerzas para llevar a cabo tus tareas.

En una palabra: en estos momentos todo funciona bien. Nada te falta. Sin embargo no eres feliz. Tu mente agoniza con los "¿qué tal si?". Y pensando "¿qué tal si pasa esto o aquello", sufres, no porque algo malo esté pasando en estos momentos, no. Sufres solamente pensando que podrías sufrir en el futuro.

Tu vida está llena de grandes tragedias, la mayoría de las cuales, jamás ha ocurrido. Si ves tu vida, la que yo te he dado, verás que tienes muchas bendiciones y que ninguna de las "catástrofes" por las cuales te preocupabas hace años, llegó a ocurrir.

Mi querida hija: escucha este consejo que te voy a dar: Tu labor en estos momentos es hacerte cargo solamente del día de hoy. Cumplir tus labores con espíritu de servicio y agradecimiento. Cuidar de tu familia y de tu hogar. Ser lo más feliz que puedas, con lo que tienes y en el sitio donde yo te he puesto. No te preocupes por el día de mañana. Bástale a cada día su propio afán.

Si necesitas ayuda, pídemela:

"Papá Dios: Este día te agradezco mi salud y la de mis seres amados porque es bueno saber que todos estamos bien. Te agradezco mis labores y mi empleo porque el pertenecer a un círculo de productividad me da seguridad y sentido de pertenencia. Te agradezco mi hogar porque este es mi refugio, el lugar donde me siento segura. También te agradezco el clima, si llueve, nieva o sale el sol,

todo te lo agradezco porque estoy aquí para disfrutarlo. Gracias, Señor que me permites ser feliz en este día y concentrar mis afanes en hacer lo mejor de lo que recibo, que son 24 horas diarias para alabarte, servirte y confiar en ti. Amén".

Así está mejor, hija, que si tú te haces cargo de este día, de lo demás me encargo yo.

Tu padre que te ama, Dios.

Notas:

Los milagros de cada día

Querido Hijo:

Hace días te escuché decir que aunque no tenías mucha fe en que yo respondiera, de todos modos estabas orando para que yo te concediera un milagro. "Nunca he visto ocurrir un milagro", dijiste. Y agregaste sonriendo con tristeza: "Quizá si ocurre, ni siquiera lo pueda yo reconocer".

Tienes razón en lo segundo: si ves el milagro, es posible que lo deseches pensando que fue una coincidencia. Pero no tienes razón en lo primero: tú has visto muchos milagros ocurrir en tu vida.

Déjame empezar por recordarte el día que tu esposa estaba hospitalizada para el nacimiento de tu tercer hijo. Ella había tenido un embarazo muy difícil y el doctor que estaba muy preocupado por tu hijo, te dijo que iban a llamar a un especialista en bebés recién nacidos para que revisara al niño inmediatamente que naciera. Al oír esto, tú te dirigiste a mí: "Papá Dios, por favor, haz que mi hijo nazca bien". Varias horas después, gracias a mí, tu hijo nació perfecto. Tú jamás me diste las gracias. Tú solamente pensaste que no había razón para preocuparse tanto y que después de todo, el niño estaba bien. No fue así hijo. Yo contesté a tus oraciones y te entregué sano a tu pequeño.

Y ¿Te recuerdas aquél día que ibas cruzando la calle distraído y pasó un automóvil rozando tu abrigo? Fui yo quien alteró los tiempos para que el chofer distraído no atropellara al caminante igualmente distraído. Eso nunca lo supiste, pero yo te salvé de mucho dolor a ti y a tu familia. Ese fue un buen milagro de mi parte que jamás reconociste.

Hubo muchos otros que podría pasarme horas recordándote. Algunos empezaron desde que eras un infante, cuando era tu madre la que me pedía por ti. Otros ocurrieron en tu adolescencia, cuando apenas empezabas a echarme una que otra oracioncita. Todos estos milagros, por supuesto, sin contar los milagritos de la vida diaria. Como que cada mañana despiertes con energía y salud; como que tus hijos crezcan sanos y fuertes; como que en tu mesa no falte nada y tengas siempre un techo sobre tu cabeza.

Déjame darte un consejo, mi querido hijo: para recibir más milagros, lo que tienes que hacer es agradecer los que ya has recibido. Si no sabes cómo, repite esta oración:

"*Papá Dios: Gracias por el don de mi vida y la de los seres que amo. Gracias por que cada día te manifiestas trayendo luz y bendiciones a mi vida. Gracias por los milagros que reconozco y también por los que ocurren sin que yo los alcance a detectar. Te ruego incrementes mi fe y mi conciencia para que yo aprenda a reconocer cada pequeño hecho como una bendición que tú has puesto en mi camino. No permitas que yo de por sentado que las cosas van a marchar bien sin reconocer que vienen de ti, de tu generosidad y de tu amor por mi persona. Me siento muy honrado y me lleno de humildad al saberme amado y protegido por ti. Gracias Papá Dios por llenar mi vida de milagros, grandes, medianos y pequeños. Te amo, Papá Dios.*

Es un orgullo escuchar de ti esas palabras, hijo.
Tu padre que te ama, Dios.

Notas:

No hagas a otros lo que no quieras para ti

Querido Hijo,

Tú quieres saber más de mí. Con avidez lees todo lo que llega a tus manos que habla de mí. Memorizas lecturas y te sabes al punto toda referencia que cita mis grandezas. Tienes una sed infinita de aprender de mí y de saber lo más que puedas para enseñar a otros a que me sigan.

Yo me siento tan orgulloso al comprender la magnitud de tu amor por mí, que vengo hoy a agradecértelo. Y ya que te veo tan ávido de conocimiento, quiero decirte que para honrarme a mí y para seguir mis mandamientos, lo único que necesitas es conocer y respetar una sola regla: "No hagas a otros lo que no quieras para tí".

Así es hijo, todo lo demás que puedas aprender o aplicar, queda comprendido en este sencillo mandamiento. Por ejemplo: No robes si no quieres que alguien te robe. No mientas si no quieres que alguien te mienta. No critiques si no quieres que nadie te critique. No juzgues si no quieres ser juzgado por otros.

Es fácil, ¿verdad? Lo único que tienes que hacer, antes de actuar, es preguntarte: ¿Me gustaría que alguien me hiciera esto a mí? Esto, por supuesto, hablando de cosas desagradables. Pero si habláramos de las agradables, la regla cambiaría a: "Haz por otros lo que quieras que otros hagan por ti".

Trata bien si quieres que te traten bien. Muestra respeto si esperas que otros te respeten. Ofrece amistad y amor si quieres que otros te correspondan con su amistad y su amor.

Eso es todo lo que te puedo decir, querido hijo. Es una regla sencilla. Si necesitas ayuda, ora así:

"Papá Dios: En este día, déjame recordar que todo aquél que se cruza en mi camino, es también hijo tuyo. Enséñame a tratar a mis semejantes del mismo modo que yo quiero que ellos me traten a mí. Permíteme aprender tolerancia, respeto y espíritu de servicio. Déjame entender que así como yo deseo recibir tengo que aprender a dar y que cada uno de mis actos trae frutos de igual especie. Deja que mi cabeza y mi corazón se llenen de tu Luz y comprendan la magnitud de esta regla de oro para que yo la aplique todos los días de mi vida. Así, el día que yo regrese a ti, lo haré con la conciencia tranquila de haber tratado a todos tus hijos con el mismo amor y respeto con el que tú me tratas a mí. Te quiero mucho, Papá Dios".

Si de verdad quieres que otros me conozcan, aplica esta regla siempre para que tus hechos den testimonio y enseñanza.
Tu padre que te ama, Dios.

Notas:

Las adicciones

Querida Hija,

Tú eres una persona perfecta. O por lo menos eso es lo que tú piensas de ti misma. Desde tu pedestal de perfección, miras hacia abajo a los demás y los condenas.

A tu hermano porque es adicto al juego. A tu hermana porque es adicta a la comida. Y a tu esposo, a ese pobre es al que más mal le va. A ese lo juzgas con una lista muy larga de agravios. El más grave de ellos es su adicción al alcohol.

Tú, golpeándote el pecho con el dedo que señalas, les gritas a voz en cuello que tú no tienes ninguna adicción y por eso estás autorizada a criticarlos. Tú no juegas, ni comes in exceso y mucho menos bebes alcohol. Es cierto.

Pero déjame decirte que no es cierto que seas libre de adicciones. Tus adicciones no están en la superficie como las de tu familia. Tus adicciones están escondidas y hacen tanto como esas que tanto condenas. Tú, mi querida hija, eres adicta a juzgar a los demás; eres adicta al chisme. Y eres adicta a considerarte víctima.

Estas adicciones tuyas poseen una fuerza oscura y poderosa a la que no puedes renunciar. Por ejemplo, si alguien viene a hablar mal de tu vecino, tú experimentas un placer interno que te hace abrir la boca y cerrar el corazón para darle salida a la maledicencia. Y cuando tu esposo llega ebrio, esa misma fuerza perversa te da un golpe de satisfacción porque entonces eres libre de usar tus ropajes de víctima. Y lo llenas de reproches y te desgarras las vestiduras y gozas el papel de "pobre-de-mi-que-no-merezco-estas-ofensas".

Querida hija, a pesar de tus desaciertos, nunca he perdido la fe en ti. Y porque te amo mucho, hoy quiero enseñarte un procedimiento milagroso. Si tú quieres que otros se deshagan de sus adicciones, lo que tienes que hacer es empezar tú por echar fuera de tu vida tus propias adicciones.

Cierra la boca y abre el corazón y pídeme ayuda para que seas libre y puedas contribuir a la liberación de los que amas:

"Papá Dios: Hoy vengo a pedirte que

me ayudes a echar fuera de mi vida todo aquello que no sea limpio y puro como tú. Quiero abrir mi corazón a tu amor y tu luz para que éstos se reflejen en mi vida. Quiero que con tus bendiciones, mi corazón se llene de generosidad y respeto para que yo sea capaz de comprender a los demás sin señalar sus desaciertos. Quiero cerrar mis oídos a palabras necias y abrir mi boca solamente cuando yo tenga algo bueno que decir de mis semejantes. Y sobre todo, Papá Dios, ayúdame a superar toda dependencia. Que si yo voy a ser adicta, sea solamente a tu Presencia. Que seas tú quien llene de gozo mi corazón. Hoy te entrego a ti todo lo que está fuera de mi control y te pido que tú te hagas cargo de mi y del rumbo de mi vida. Amén".

Con gusto lo haré hija, con gusto lo haré.
Tu padre que te ama, Dios.

Notas:

El poder de cambiar

Querido Hijo:

Muchas veces durante el día encuentro que tu mente está invadida de lamentos. Tus hombros se hunden y su cabeza se agacha bajo el peso de la culpa. Hay cosas de tu pasado que quisieras cambiar porque sabes bien que hiciste daño.

Con todo tu corazón quisieras regresar el tiempo y tener el poder de cambiar aquello que hizo llorar a las personas que amas.

Eso no es posible, mi querido hijo. No puedes volver el tiempo atrás por más que lo desees.

Esos lamentos que tanto te agobian, pueden ser paralizantes o poderosos, según los mires.

Fíjate bien, si esos lamentos los vives con dolor y piensas que no puedes cambiar lo malo que hiciste, entonces la culpa te paralizará y dejará a tu alma en muletas espirituales.

Pero si tú utilizas la fuerza de ese lamento como un motivo de crecimiento, entonces tendrás el poder de cambiar las cosas que antes hiciste mal. Si abres tu corazón, encontrarás nuevas oportunidades de reparar, rectificar y sanar las heridas del pasado.

Anda, levanta la cabeza y endereza los hombros. Este es tiempo de ejercer tu poder de cambio. Si necesitas ayuda, pídemela:

"Papá Dios: Ayúdame a rectificar mis pasos. Dame la oportunidad de acercarme a los seres que he ofendido, con este nuevo yo que está lleno de tu esencia. Déjame tratarlos hoy como hubiera querido tratarlos entonces. Permíteme servirlos con el amor que se merecen. Déjame demostrarles y demostrarte, que soy un ser cambiado. Que dentro de mí sólo existes tú. Deja que tu Luz me llene

para que luego que yo sea redimido y limpiado de todo mal, esa Luz se derrame a mí alrededor para alcanzar a todos los que me rodean. A los que ya no están conmigo y con quienes no me es posible reparar el pasado, por favor, de mi parte diles que los amo y que en su honor yo haré el bien en mi camino. Diles que tú me has perdonado y que por favor, me perdonen ellos. Gracias Papá Dios por mostrarme el camino de la redención. Contigo soy libre. Contigo soy nuevo. Te amo, Papá Dios".

Así me gusta escucharte, querido hijo.
Tu padre que te ama, Dios.

Notas:

De cómo puedes mostrarme tu agradecimiento

Querida Hija,

Hace unas semanas que te veo muy agradecida conmigo. Yo te hice un milagro que para ti significaba mucho y desde entonces veo que tu corazón está henchido de amor por mí. Te sientes humilde ante mi generosidad y mi poder.

No cesas de repetir: "Papá Dios, gracias, gracias, mil gracias... ¿Cómo podré agradecerte tanta dicha?", me preguntas.

¡Ay! hija, qué lindo es ver tu corazón y tu mente cantando alabanzas para mí. ¿Quieres saber cómo puedes agradecerme el milagro? Te lo voy a decir: cuenta tu testimonio a otros.

Hay gente por ahí, cercana a ti, que no me conoce. Que sufre sin saber que yo existo y que puedo ayudarlos. Búscalos. Cuéntales cómo te pusiste de rodillas y, llorando, suplicaste que yo me hiciera cargo del asunto. Diles que después de orar, tu corazón experimentó un aligeramiento y que suspiraste y dejaste que yo actuara. Cuéntales cómo te respondí. Diles que te di mucho más de lo que habías pedido. Diles que ellos también pueden acudir a mí.

Pero ten cuidado de no predicar. Los sermones no convencen. Los testimonios sí. Así que si quieres agradecerme, hazlo dando testimonio de mi grandeza. Y cuando la gente te escuche y se asome a tu corazón, verá tu agradecimiento y creerá en mí.

Si necesitas inspiración, pídemela:

"Papá Dios: Hoy te pido que acerques a mí a aquéllos que estén sufriendo y necesiten tu ayuda. Te pido por favor que abras los canales de comunicación y me facilites el poder decirles a esas personas los milagros que tú has hecho en mi vida.

Deja Señor que sea mi testimonio el que traiga esperanza a sus corazones. Deja que sean mis palabras las que les muestren el camino hacia ti. Soy tuya, Papá Dios, y quiero servirte. Ilumina mi camino para que yo pueda encontrar a los que más te necesiten. Déjame abrir mi corazón y contar mi verdad para que otros la vean y puedan acudir a ti, con la seguridad que también en sus vidas, obrarás milagros. Gracias Papá Dios por las bendiciones que me has enviado y gracias por las que vienen en camino".

¡Ay! hija, qué lindo es saber que con mi ayuda, ayudarás a tus hermanos.

Tu padre que te ama, Dios.

Notas:

Hay veces que las palabras salen sobrando

Querido Hijo:

Estás muy angustiado porque estás en una situación precaria. El miedo a lo que pudiera pasar, no da descanso a tu alma. Una y otra vez repasas las catástrofes que pudieran estar a punto de ocurrir.

En medio de ese reinado de terror en el que vives, de vez en cuando recuerdas que yo existo y me dices: "Papá Dios, ayúdame".

Pero dos segundos después vuelves a dejar entrar al espíritu del miedo y lo dejas que impunemente te persiga alejándote de mí.

Ah, me dices, "es que no tengo palabras para hablar contigo". Y yo te respondo, querido hijo, que hay veces que las palabras salen sobrando.

Ahora, que me necesitas tanto, aquiétate. Acalla tus temores. Echa fuera al espíritu del miedo y entra al silencio de mi cercanía. Aquí, con el alma en calma, en la paz de mi compañía, si te callas, podrás escuchar las respuestas que necesitas saber para resolver tus encrucijadas.

Si necesitas ayuda, pídemela:

"Papá Dios: Aquí estoy rendido a tus pies. Ya no puedo con la carga y por eso la dejo a un lado. Aquieto mis pensamientos y te dejo actuar. Tú eres Dios. Yo no. Tú eres quien manda. Yo obedezco. Tú tienes el control. Yo dejo ir todo intento de controlar mi mundo. Cierro mis ojos y te digo: Padre mío, hágase tu voluntad y no la mía. Hoy me envuelvo en tu luz y dejo que tu silencio y tu paz aquieten mi espíritu. Aquí, bajo tu amparo, nadie puede tocarme. Nadie hay más poderoso que tú. Si tú estás conmigo, nadie puede estar contra mí. Háblame Papá Dios. Dime qué es lo que necesito saber. Y mientras respondes, mantendré mi cuerpo ocupado, cumpliendo con mis deberes y manteniendo mi mente entregada a ti".

Así está mejor hijo. Yo te responderé.
Tu padre que te ama, Dios.

Si necesitas consuelo, aquí estoy

Querida Hija:

Tus ojos lloran constantes y tu corazón está atrapado en el dolor. Yo se que estás sufriendo mucho y que no encuentras la paz.

Mi pequeña, no sabes cómo me duele tu dolor. Pero quiero que sepas que no estás sola. Yo estoy aquí para darle consuelo a tu corazón.

Ven, acércate a mí y deja que sea yo quien sane tus heridas. Deja que sea yo quien calme tus pesares. Ahora que estás en medio de la pena, no puedes ver un futuro. Has perdido la esperanza y sientes que la oscuridad te ha atrapado y que jamás volverás a ver la Luz.

Yo quiero decirte que tengas calma y me busques. Quiero recordarte que aunque ahora no lo creas, esto también va a pasar. Tú recuperarás la paz y serás una persona más fuerte cuando hayas dejado atrás el dolor.

Si necesitas ayuda, pídemela:

"Papá Dios: hoy te necesito en mi vida. Necesito tu presencia para comprender cosas que no comprendo pero que de igual manera duelen. Ven conmigo. Calma mis heridas. Quédate a mi lado mientras mi corazón sana. Déjame sentir tu presencia en mi vida para no sentirme sola. Papá Dios, hoy te necesito más que nunca. Por favor, dame consuelo. Déjame sentir un alivio en mi corazón. Quiero cerrar mis ojos y pensar solamente en ti. Envolverme en tu silencio para acallar los pensamientos que me atormentan. Quiero escuchar tu voz diciéndome que todo va a estar bien. Quiero refugiarme en ti, bajo tu Luz, al amparo de tu sagrado manto. Quiero permanecer frente a tu santuario y llenarme de la paz de tu presencia. Ven, Papá Dios, y quédate conmigo porque hoy te necesito más que nunca. Gracias Papá Dios que ya me oíste y que siempre me oyes".

Siempre estoy contigo, querida Hija, al alcance de tu voz.
Tu padre que te ama, Dios.

Yo estaré contigo

Querida Hija:

Este es el tiempo del año cuando haces una larga lista de cambios que quieres operar en tu vida durante los siguientes meses.

Exiges demasiado de ti cuando estás haciendo la lista, pero cuando las semanas avanzan te vuelves complaciente y abandonas tus buenos propósitos.

Este año, haz algo diferente: pídeme ayuda para lograr tus metas. Sí, yo puedo ser tu ayudante. Cuando inicies el primer día con tus propósitos recién estrenados, dirígete a mí con una sencilla oración pidiendo que yo guíe tus pasos y que mantenga tu fortaleza a lo largo del día.

Sólo eso necesitas, la fuerza de un día cada 24 horas.

Pídemelo así:

"Papá Dios, este día, te suplico que me des fuerza suficiente para trabajar afanosamente. Permite que yo dedique mi esfuerzo de este día para ti. Trabajaré con ahínco. Cansaré mi cuerpo y me mantendré firme en mi promesa de ser una mejor persona. No dejaré que la flojera me gane. Lucharé con ahínco sabiendo que tú estás a mi lado. Hazme fuerte Papá Dios. Déjame contemplar con los ojos de la fe, los resultados que quiero lograr. Déjame gozarme en el milagro de la transformación cuando apenas estoy dando los pasos necesarios para lograrla. Con tu ayuda, Papá Dios, yo puedo persistir este día y mantenerme dentro de mis propósitos. Sólo este día te pido que me permitas estar dentro del camino deseado. Yo sé que las noches son muy satisfactorias cuando mi cuerpo cansado me dice que cumplí con mis deberes cabalmente. En esos momentos, cuando mis ojos se están cerrando, tu Luz se revela y te veo mirándome con satisfacción. En esos momentos, Papá Dios, yo se que al día siguiente, si tú me ayudas, volveré a lograrlo. Gracias Papá Dios por amarme tanto y estar siempre conmigo".

Juntos podemos lograrlo, querida hija.
Tu padre que te ama, Dios.

El vacío de tu corazón

Querida Hija:

Hay días, como hoy, que sientes un enorme vacío en tu corazón. Sientes que algo falta y no sabes qué es, ni cómo sustituirlo.

Sientes que tu vida no tiene sentido, que has perdido el rumbo o que estás atrapada en una soledad acompañada de la gente.

En esos momentos cuando te enfrentas al vacío, te da por llenarlo con falsos rellenos, como comida, compras o alcohol. Cuando terminas de comer, comprar o beber, con sorpresa te das cuenta que el vacío sigue ahí y que tus acciones sólo empeoraron la situación.

La única forma de llenar ese vacío es iniciar cambios. Si no sabes qué cambiar, pregúntamelo a mí. Yo estoy aquí para ayudarte:

"Papá Dios: necesito tu ayuda. Sé que necesito hacer cambios positivos en mi vida para que en lugar de vacío, encuentre yo satisfacción y plenitud. Pero no se por dónde empezar. Aconséjame, Papá Dios. Por favor dime: ¿Cómo puedo llenar este vacío?, ¿Qué necesito hacer diferente?, ¿Dónde me tengo que esforzar más para encontrar plenitud?, ¿Qué es lo que debo hacer para tener el tipo de vida que anhelo? Contéstame Papá Dios, tan pronto como juzgues conveniente. Yo estaré aquí esperando tus respuestas. Abriré mis oídos y mi corazón hasta que pueda escucharte con claridad. Seguiré tus consejos y trabajaré con ahínco para hacer los cambios que necesito hacer en mi vida. Yo se que con tu ayuda, todo lo puedo. Te amo, Papá Dios".

Yo te responderé, querida hija, en su debido tiempo, yo te responderé.

Tu padre que te ama, Dios.

Tiende la mano a tu hermano

Querido Hijo:

Estás tan ocupado preocupándote por tus problemas, que no tienes tiempo de encontrar las soluciones.

Por más vueltas que le das, tu vida se centra en ti, tus necesidades, tus problemas, tu situación, tus carencias, tu estabilidad (o falta de ella). Eres tú y siempre tú, lo que ocupa tus pensamientos.

Esta vez, quiero que hagas algo diferente. Mira, vas a venir a mí, me vas a presentar con una lista de tus necesidades y después de eso, la vas a guardar por algún cajón o libro y te vas a olvidar de ella.

A continuación, vas a voltear el rostro para mirar a los que están cerca de ti. Quiero que encuentres a otros que necesiten ayuda. Quiero que dediques tu tiempo y tus esfuerzos para ayudar a esas personas en la mejor medida de tus recursos.

¿Sabes por qué te pido esto? Porque cuando tú estés ocupado ayudando a tus hermanos, yo estaré a cargo de tu lista.

Pídemelo así:

"Papá Dios: Hoy vengo a dejar mis cargas frente a ti. Sé que tú me atenderás en el tiempo que sea perfecto y que me concederás lo que te pido o algo mejor. Yo sé bien que tú eres mi Padre Celestial y que deseas lo mejor para mí. Te pido por favor que me ayudes de la mejor manera posible. Y mientras tú actúas, yo te prometo que pondré mis manos a trabajar para que otros de mis hermanos puedan aliviar sus cargas. Yo te prometo que dejaré de pensar sólo en mí y que trabajaré con la certeza de que tú estás a mi lado, guiando mis pasos y protegiéndome en todo momento. Te amo mucho Papá Dios y confío en ti con todo mi corazón".

Gracias hijo. Siempre es un honor contar con tu fe y tu ayuda.

Tu padre que te ama, Dios.

serie
Cartas de Dios

© Calli Casa Editorial, 2013
© Yhacar Trust 2025

Todos los derechos registrados. Prohibida la reproducción total o parcial de esta obra en todo su contenido: texto, dibujos, ideas e ilustración de portada y contraportada, sin autorización por escrito de: Calli Casa Editorial.

www.ingramcontent.com/pod-product-compliance
Lightning Source LLC
Chambersburg PA
CBHW070117080526
44586CB00013B/1318